MORD IM SINN

BAND 1: TRUE CRIME IN BERLIN

Politische Opfer und heikle Fälle aus 9 Jahrzehnten

DMP

INHALT:

Beginn des 1. Weltkriegs

Waffenstillstandsvertrag von Compiègne

Ermordung von Dr. Rosa Luxemburg und Dr. Karl Liebknecht im Tiergarten

Ermordung des Reichsaußenministers Walther Rathenau in Berlin-Grunewald

Einbruch der Gebrüder Sass in die Diskonto-Bank am Wittenbergplatz in Berlin-Schöneberg

Ermordung des SA-Sturmführers Horst Ludwig Wessel in Berlin-Friedrichshain

Ermordung der Polizisten Paul Anlauf und Franz Lenk am Bülowplatz (heute Rosa-Luxemburg-Platz in Berlin-Mitte)

28.07.	11.11.	15.01.	24.06.	27.01.	23.02.	09.08.
1914	**1918**	**1919**	**1922**	**1929**	**1930**	**1931**

Der Mörder von Horst Wessel wird umgebracht

Ausbruch des 2. Weltkriegs durch Hitlers Angriff auf Polen

Ermordung der Gebrüder Sass im KZ-Sachsenhausen

Ermordung von Kriegsgefangenen, „Fremdarbeitern" und Kriegsgegnern durch die NSDAP in Berlin-Steglitz

Bedingungslose Kapitulation der deutschen Truppen, Ende des 2. Weltkriegs in Europa

Beginn der Berlin-Blockade

Ende der Berlin-Blockade

Hinrichtung des Bandenchefs Werner Gladow in Frankfurt (Oder)

26.09.	01.09.	27.03.	April	07.05	23.06.	12.05.	05.12
1933	**1939**	**1940**	**1945**	**1945**	**1948**	**1949**	**1950**

Teilung Berlins durch die Mauer

Entführung einer Tupolew 134 der polnischen Fluggesellschaft LOT nach Berlin-Tempelhof

Thomas Rung mordet in Serie

Fall der Berliner Mauer

Das Verfahren um die Ermordung von Kriegsgefangenen, „Fremdarbeitern" und Kriegsgegnern durch die NSDAP in Berlin-Steglitz wird eingestellt

Verurteilung Erich Mielkes wegen der Morde am Bülowplatz aus dem Jahre 1931

Einbruch in eine Commerzbank in Berlin-Zehlendorf nach Vorbild der Gebrüder Sass, Seilschaften der ehemaligen Stasi werden verdächtigt

13.08.	30.08.	13.10-24.12	09.11.	Nov.	26.10.	02.06.
1961	**1978**	**1983**	**1989**	**1990**	**1993**	**1995**

Fehlurteil im Falle Thomas Rung wird aufgehoben

Das Institut für Rechtsmedizin der Charité gibt in einer Presseerklärung bekannt, dass es sich bei einer Wasserleiche aus der anatomischen Sammlung um die sterblichen Überreste Rosa Luxemburgs handeln könnte

08.08. *29.05.*

1996 ***2009***

POLITISCHER MORD - SO BEGANN DIE WEIMARER REPUBLIK

von Dr. Gernot Volger

Im Mai 2009, fast genau 90 Jahre nachdem die Leiche von Rosa Luxemburg im Berliner Landwehrkanal entdeckt wurde, wartet der Chef der Rechtsmedizin in der Charité, Michael Tsokos, mit einer Sensation auf: Die Gründerin der KPD, Rosa Luxemburg, die am 15. Januar 1919 von rechten Freikorps ermordet worden war, ist vermutlich nicht auf dem Sozialistenfriedhof in Friedrichsfelde beigesetzt worden, sondern liegt möglicherweise in der Berliner Charité, konserviert als Torso ohne Kopf und Hände. Die Enthüllung wirft noch einmal ein Schlaglicht auf einen der brutalsten und folgenreichsten politischen Morde in der deutschen Geschichte des 20. Jahrhunderts.

Am 16. Januar 1919 erschienen die Berliner Zeitungen mit Schlagzeilen wie „Liebknecht auf der Flucht erschossen, Rosa Luxemburg von der Menge getötet".

Korrekt war in der Meldung der Nachrichtenagentur Wolffsches Telegraphenbüro als Quelle der Nachricht der Stab der Garde-Kavallerie-Schützen-Division (GKSD) in Berlin angegeben. Nach diesem Bericht waren Karl Liebknecht und Rosa Luxemburg am Vortag festgenommen und in das Eden-Hotel an der Budapester Straße gebracht worden, wo sich die GKSD seit einigen Tagen befand. Beide sollten von dort am späten Abend in zwei Personenkraftwagen in das Untersuchungsgefängnis Moabit transportiert werden. Bei einer Wagenpanne inmitten des dunklen Tiergartens habe Liebknecht das Auto verlassen müssen. Bei einem Fluchtversuch sei Liebknecht dann von den Begleitmannschaften erschossen worden. Luxemburg sei, als sie in den Wagen gebracht wurde, von der auf der Straße vor dem Hotel befindlichen Menge attackiert worden. Die bewusstlose Luxemburg sei vom Führer des Begleitkommandos in das

Auto gelegt worden. Kurz nachdem sich der Wagen in Bewegung gesetzt habe, sei plötzlich ein Mann aus der Menge auf das Trittbrett gesprungen und habe mit einer Pistole auf Luxemburg geschossen. Als das Auto in der Nähe des Landwehrkanals zum Halten aufgefordert worden sei, habe die Menge Luxemburgs Körper aus dem Wagen gezerrt und in die Dunkelheit mitgenommen.

Nahezu alle Zeitungen druckten den Bericht, ohne die Vorgänge in Zweifel zu ziehen. Stattdessen gab es moralisierende Betrachtungen, dass beide an ihrem Schicksal letztlich selbst die Schuld trügen.

Um die Zusammenhänge hinter den Morden zu verstehen, ist ein historischer Rückblick notwendig:

Die Politik des Kaiserreichs verfolgte seit den 90er Jahren des 19. Jahrhunderts eine auf Expansion zielende Außenpolitik, bei der es darum ging, die Weltvormacht Englands herauszufordern und in letzter Konsequenz durch einen Krieg gegen England und Frankreich das Deutsche Reich zur Vormacht Europas und damit, nach dem Verständnis der Zeit, zur Weltvormacht zu machen. Die Sozialdemokratische Partei (SPD) hatte vor dem Krieg offiziell eine Art Pazifismus vertreten, mit der Folge, dass sie den sich längst ankündigenden Krieg ablehnte. Doch auch die Sozialdemokratische Partei und besonders die weit überwiegende Mehrheit ihrer Führung war ein Geschöpf des Kaiserreichs und durchdrungen von der expansionistischen und militaristischen Ideologie, die das Kaiserreich beherrschte. Die Mehrheit der Parteiführung der SPD unterstützte den Krieg bedingungslos. Das Ziel dabei war, der beständigen Überwachung und Verfolgung durch den Staat zu entkommen und endlich in der Gesellschaft anzukommen, als bürgerliche Partei akzeptiert zu werden. Um dieses Ziel zu erreichen, wurde die SPD eine handzahme Partei der politischen Klasse des Kaiserreichs.

Als der Krieg dann durch eine Verwicklung auf dem Balkan schließlich da war und die deutsche politische Klasse dies zum Anlass nahm, ihre expansionistischen Ziele in die Tat umzusetzen, um Deutschland in der Welt den Platz zu geben, der ihm angeblich gebühre, nämlich „den ersten Platz in der Welt", wollten auch die Führungsgruppen der Sozialdemokratischen Partei ihre Vaterlandsliebe unter Beweis stellen. So stimmte im Sommer 1914 auch die sozialdemokratische Reichstagsfraktion der von der kaiserlichen Regierung geforderten Bewilligung der Kredite zu, um den Krieg zu finanzieren. Zwar gab es unter den 110 Reichstagsabgeordneten der SPD eine Gruppe von 14 Abgeordneten, die sich in der Fraktion dagegen stemmte, den Krieg mittels der Bewilligung der Kredite zu ermöglichen. Denn sie hatten nicht vergessen, dass die SPD seit ihrer Entstehung von der Regierung und dem Kaiser bekämpft, verfolgt und gesellschaftlich ausgegrenzt worden war. Doch diese Gruppe konnte sich gegen die Mehrheit nicht durchsetzen und war dann bereit, die geforderte Bewilligung mitzutragen, um nach außen hin ein geschlossenes Bild der Partei zu vermitteln. Die überwiegende Mehrheit der Führung der Sozialdemokratischen Partei stand hinter dem Krieg und wollte ihn ebenso wie die politische Klasse Deutschlands – weniger, weil die Sozialdemokratie expansiv orientiert war, sondern vielmehr, um der politischen Klasse zu zeigen, dass auch Sozialdemokraten „gute Deutsche" waren, die das Land mit der Waffe in der Hand verteidigten. Tatsächlich war der 1914 entfesselte Krieg kein aufgezwungener Verteidigungskrieg. Doch das wollte damals in Deutschland niemand wissen.

An der Kriegsfrage schieden sich die Geister in den Führungszirkeln der SPD, und über diese Frage kam es in der Folge zur Spaltung der Sozialdemokratischen Partei. Die Mehrheit der Parteiführung unterstützte den Krieg bedingungslos. Doch je länger der Krieg andauerte, umso weniger wollte die Minderheit in der Reichstagsfraktion der SPD diesen Krieg mit seiner sinnlosen Schlächterei, die Millionen Menschen das Leben kostete, mittragen. Im Dezember 1914, als die zweite Rate der Kriegskredite der Bewilligung durch den ansonsten ziemlich einflusslosen Reichstag bedurfte, war Karl Liebknecht der einzige Abgeordnete, der gegen die Bewilligung stimmte. Das war unter den Bedingungen des Krieges und der damit entfachten nationalistischen Hysterie ein unerhört mutiger Akt, mit dem er als „Vaterlandsverräter" den Hass der gesamten politischen Klasse auf sich zog. Im Dezember 1915 stimmten 18 Abgeordnete der SPD, darunter Liebknecht, im Reichstag gegen weitere Kriegskredite. Diese Abgeordneten wurden daraufhin aus der sozialdemokratischen Reichstagsfraktion ausgeschlossen, blieben aber weiterhin Parteimitglieder – eine ziemlich paradoxe Situation. Als Sammelbecken der sozialdemokratischen Kriegsgegner und Pazifisten bildete sich dann im April 1917 die Unabhängige Sozialdemokratische Partei Deutschlands (USPD), geführt von den aus der SPD-Fraktion ausgeschlossenen Reichstagsabgeordneten.

Karl Liebknecht, Sohn eines prominenten Mitbegründers der Sozialdemokratischen Partei, war promovierter Jurist und arbeitete als Rechtsanwalt. Zwar gehörte er der Sozialdemokratischen Partei an und war auch deren Reichstagsabgeordneter, aber ein Sozialist oder gar Marxist war er nicht. Eher muss man ihn als Humanisten und Idealisten bezeichnen. Daher wurde er in der SPD und auch von Luxemburg oftmals nicht recht ernst genommen. Einfluss oder eine Anhängerschaft in der Partei oder deren Führung hatte er nicht. Seine öffentlichen Reden, die er mit salbungsvollem Pathos vortrug, langsam und gefühlvoll die Worte singend, erinnerten stark an einen Pastor, nicht an einen Volkstribun. Unter den öffentlich sichtbaren SPD-Politikern vertrat er am konsequentesten eine Antikriegspolitik. Im Jahre 1916 wurde Liebknecht wegen „Hochverrats" zu vier

Jahren Zuchthaus verurteilt, da er öffentlich gegen den Krieg Stellung genommen hatte. Im Oktober 1918, unmittelbar nach Ende des Kriegs, wurde er auf Veranlassung der neuen Übergangsregierung nach knapp zweieinhalb Jahren vorzeitig aus der Haft entlassen. Trotz aller Zusammenarbeit in ihrer Ablehnung des Kriegs waren Liebknecht und Luxemburg häufig nicht einer Meinung, dazu waren sie einfach zu verschieden.

Rosa Luxemburg kam aus dem von Russland im Jahre 1795 annektierten Teil Polens, war Jüdin, hatte in der Schweiz studiert, war promovierte Volkswirtin und Dozentin für marxistische Ökonomie an der Parteischule der SPD. Wie nahezu alle Sozialdemokraten damals war sie eine von Karl Marx und seinen Analysen des Kapitalismus geschulte Sozialistin, der es um eine grundsätzliche Umgestaltung von Wirtschaft, Politik und Gesellschaft ging. Unter den marxistischen Theoretikern Westeuropas galt sie als genialer Kopf. Sie war eine mitreißende Rednerin. Bereits am 4. August 1914, sofort nach Zustimmung der SPD-Reichstagsfraktion zu den Kriegskrediten, bildete sich unter ihrer Führung als „Gruppe Internationale“ eine Vereinigung marxistischer Sozialisten gegen Kapitalismus, Imperialismus und Militarismus. Seit Januar 1916 nannte sich die Gruppe „Spartakus“ nach dem Anführer eines Sklavenaufstands gegen das Römische Reich in den Jahren 73-71 vor Christi. Auch Luxemburg wurde während des Kriegs mehrfach inhaftiert, die Jahre 1915 bis 1918 verbrachte sie überwiegend im Gefängnis. Allerdings war sie keine Verfechterin einer leninistischen Diktatur des Proletariats, was ja tatsächlich eine Diktatur einer kleinen Partei von Berufsrevolutionären über das Proletariat und die gesamte Gesellschaft bedeutete. Nachdem das zaristische Regime im Februar 1917 zusammengebrochen war und eine parlamentarische Regierung die Führung Russlands übernommen hatte, stürzte die leninistische Partei der Berufsrevolutionäre im Oktober 1917 unter Einsatz von Gewalt diese Regierung durch einen Staatsstreich und beseitigte die gerade erst eingeführten Freiheitsrechte. Alle, die sich dieser Diktatur widersetzten oder die irgendwie beruflich mit dem zaristischen Regime zu tun gehabt hatten, ebenso wie viele Angehörige des Bürgertums, wurden gnadenlos verfolgt. Hunderttausende verloren damals ihr Leben. Die kommunistische Diktatur in der Sowjetunion war von Anfang an ein blutrünstiges Regime. Mehrfach kritisierte Luxemburg Lenin und dessen Diktatur: „Freiheit nur für die Anhänger einer Partei ist keine Freiheit."

Mitte 1917 schloss sich die Spartakusgruppe trotz politischer Differenzen unter Beibehaltung großer Eigenständigkeit der USPD an, jedoch nicht Liebknecht, der im Zuchthaus saß. Zwischen SPD und USPD bestanden keine Unterschiede hinsichtlich des politischen Ziels einer parlamentarischen Demokratie. Die USPD, alles andere als eine straffe revolutionäre Partei, wollte lediglich die Einberufung einer verfassunggebenden Nationalversammlung um einige Monate verschieben, um in der Zwischenzeit eine Sozialisierung der Grundstoffindustrien sowie die Demokratisierung der Verwaltung und des Obrigkeitsstaats zu verwirklichen. Die Sozialisierung der Grundstoffindustrien war sozusagen ein sozialistisches Minimalprogramm. Ob es sinnvoll gewesen wäre, muss rückblickend zweifelhaft erscheinen. Notwendig wären allerdings durchgreifende Strukturreformen in der Verwaltung und der Justiz gewesen. Das Verhindern dieser Reformen durch die SPD hat später ausschlaggebend zum Untergang der ersten deutschen Demokratie beigetragen, denn die Gegner der Demokratie waren in allen staatlichen Bereichen – Verwaltung, Justiz, Militär, Universitäten – in großer Überzahl. Ihre wirtschaftlich, gesellschaftlich und politisch herausgehobene Position verteidigten diese Kräfte und Gruppierungen gegen jene, die gleiche politische und gesellschaftliche

Rechte für alle einforderten. So war die Weimarer Republik eine Demokratie ohne Demokraten. Das konnte auf die Dauer nicht gut gehen. Es ging dann 14 Jahre mehr schlecht als recht, denn tatsächlich war die Weimarer Republik eine Gesellschaft im latenten Bürgerkrieg, der immer mal wieder aufflammte.

Im Oktober 1918 erklärte die deutsche Militärführung den Krieg als verloren. Der Kaiser, schon lange von der Militärführung zur Marionette gemacht und politisch ohne Einfluss, ging nach Holland ins Exil, um einer möglichen Verfolgung durch die siegreichen Kriegsgegner zu entkommen. Damit war der Weg frei für eine Umwandlung des politischen Systems: freie und gleiche Wahlen, Einführung der parlamentarischen Demokratie, also eine dem Parlament verantwortliche Regierung. Doch für viele, die eng mit dem alten kaiserlichen Regime verbunden waren – Konservative aller Schattierungen, die Nutznießer des alten Regimes in Politik, Verwaltung, Justiz, Militär und Universitäten – ging mit dem Abgang des Kaisers und der sich am Horizont abzeichnenden Demokratie eine Welt unter. Diese Kräfte, die gesellschaftlich führenden Kräfte des untergegangenen Kaiserreichs, sahen sich von den jetzt eintretenden politischen Veränderungen auf das Stärkste herausgefordert. Denn wenn es durch das gleiche Wahlrecht und die Parlamentarisierung zu einer neuen gesellschaftlichen Machtverteilung käme, würden diese bislang privilegierten Gruppen die Verlierer sein.

Anfang November revoltierten die Matrosen der Kaiserlichen Kriegsmarine in Kiel, nachdem es einige Tage zuvor im Marinestützpunkt Wilhelmshaven zur offenen Auflehnung eines Teils der Mannschaften gekommen war, die nun nach dem Ende des Kriegs einen angeordneten Flottenvorstoß nicht mehr mitmachen wollten, um mit den Offizieren „ehrenvoll“ unterzugehen.

Das war kaum mehr als eine Erschöpfungsrevolte. Jetzt, nach viereinhalb Jahren Krieg, wollten sich die Matrosen nicht noch „fünf nach zwölf“ verheizen lassen. Zudem waren viele der Matrosen des Militärs und der damit einhergehenden Verknechtungen, die sie mehr als vier Jahre lang hatten aushalten müssen, längst überdrüssig. Spontan und ohne Führung entstand eine Aufstandsbewegung. Den revoltierenden Matrosen und Soldaten – oftmals Arbeiter in Uniform – schlossen sich die Arbeiter an, die zwei Hungerwinter hinter sich hatten; Arbeiter- und Soldatenräte wurden gebildet. Innerhalb von fünf Tagen breitete sich die revolutionäre Bewegung über ganz Deutschland aus, das heißt über nahezu alle Großstädte. Am 9. November erreichte die Revolte die Hauptstadt Berlin, hier kam es zu riesigen Aufmärschen der Arbeiterschaft.

Solche Massenerhebungen bedürfen, um erfolgreich zu sein, politischer Führer. Da hätte es nahe gelegen, dass die SPD, die seit jeher ein revolutionäres Vokabular pflegte, ohne allerdings tatsächlich in der Praxis revolutionär zu sein, sich an die Spitze der revoltierenden Massen gesetzt hätte. Doch das tat sie nicht. Die Führung der SPD bestand ja keineswegs aus Arbeitern, vielmehr bildeten im Parteivorstand und in der weiteren Führung der Partei Handwerker im Verein mit einigen Zeitungsredakteuren – damals kein akademischer Beruf sondern proletarischer Adel – die weit überwiegende Mehrheit. Im Grunde handelte es sich um ängstliche und behäbige Kleinbürger, die von der Massenbewegung, zu der sich die Revolte auswuchs, aufgeschreckt wurden. Diese Kleinbürger waren jeder revolutionären Veränderung gegenüber abgeneigt, obgleich sie die stärkste Partei des Landes hinter sich hatten. Friedrich Ebert, der Vorsitzende der SPD, äußerte in jenen Tagen, er hasse die Revolution „wie die Sünde“. Man beachte die theologische Formulierung. Die Idee einer grundlegenden gesellschaftlichen Veränderung, und nichts anderes bedeutet Revolution, wird als Verstoß gegen die göttliche Ordnung gesehen. Auch das gerade untergegangene Kaiserreich hatte sich zur Rechtfertigung seiner Herrschaft über das Volk der Vorstellung einer gottgewollten Ordnung bedient. Mit diesen Sozialdemokraten, die allesamt die Revolution fürchteten wie der Teufel das Weihwasser, ließ sich keine grundlegende gesellschaftliche Umgestaltung erreichen, im Gegenteil. Wie sich sehr schnell zeigte, verbündete sich die Führung der SPD mit den Kräften des alten kaiserlichen Regimes, um die Massenerhebung brutal zu beenden. Dabei bediente sie sich der Militärkaste, wie sie meinte. Tatsächlich war es aber genau umgekehrt: Die Militärs bedienten sich der Führung der SPD, um die Revolution zu bekämpfen und am Ende im Blute zu ersticken.

Liebknecht und Luxemburg, gerade seit zwei Wochen aus dem Zuchthaus entlassen, waren Symbolfiguren der Massenerhebung. Doch bislang hatten sie keine Rolle gespielt; sie hatten keine Macht und keine Organisation hinter sich. Als am Mittag des 9. November 1918 ein riesiger Demonstrationszug mit einigen hunderttausend Menschen auf den Reichstag zuwälzte und Sprechchöre „Nieder mit dem Kaiser! Nieder mit dem Krieg!" forderten und die Republik, die es noch nicht gab, die aber alle wollten, durch Hochrufe feierten, trat Philipp Scheidemann, Mitglied der SPD-Parteiführung und erfahrener Redner an ein Fenster des Reichstags und rief die „deutsche Republik" aus. Mit seiner pathetischen Proklamation wollte er Liebknecht zuvorkommen. Scheidemann hatte seine kurze Ansprache kaum beendet und wollte sein Mittagessen fortsetzen, als ihn Ebert mit zorngerötetem Gesicht zur Rede stellte und ihn anschrie: „Du hast kein Recht, die Republik auszurufen! Was aus Deutschland wird, ob Republik oder was sonst, das entscheidet eine verfassungsgebende Versammlung!" Was Ebert an der „sündigen" Revolution besonders hasste, war die Unordnung. Er war eine Bürokratennatur, geregelte Abläufe gingen ihm über alles. Ebert wollte die

Erhaltung des alten Staates und er wollte die Monarchie retten, selbst jetzt noch, als das Volk längst die Republik forderte. Am Nachmittag des gleichen Tages rief dann Karl Liebknecht von einem Balkon des Hohenzollernschlosses, das von Soldaten und Matrosen besetzt worden war, die „sozialistische Republik“ aus. Staatsrechtlich handelte es sich bei beiden Proklamationen um einen belanglosen Akt, denn der Kaiser, obwohl bereits geflohen, dankte erst drei Wochen später ab.

Doch jetzt, ebenfalls am 9. November 1918, bildete sich so etwas wie eine revolutionäre Organisationsstruktur heraus: die Revolutionären Obleute in den Berliner Betrieben. Das waren gelernte Arbeiter und gestandene Arbeiterführer, welche die Streiks des vergangenen Winters angeführt hatten. Es handelte sich um etwa 100 Personen, mit einem Kern von einem Dutzend. Die Revolutionären Obleute, unterstützt von den Arbeiter- und Soldatenmassen, besetzten Teile des Reichstags und beschlossen dort in einer turbulenten doch gleichwohl funktionierenden Sitzung, am nächsten Tag in allen Kasernen und Fabriken Arbeiter- und Soldatenräte wählen zu lassen. Doch jetzt mobilisierte die SPD die Arbeiter, und die Vertreter der revoltierenden Arbeiter und Soldaten blieben bei den Wahlen in der Minderheit. Linksradikal oder sozialistisch waren die Räte nur in den seltensten Fällen. Am nächsten Tag wurde als zeitweilige Quasi- oder Nebenregierung ein zwanzigköpfiger „Vollzugsrat der Arbeiter- und Soldatenräte“ in einer riesigen Versammlung gewählt, jeweils zur Hälfte bestehend aus SPD-Leuten und Kandidaten der Revolutionären Obleute. Doch die Macht übernahm der Vollzugsrat nicht. In den folgenden Tagen wurden die Arbeiter- und Soldatenräte mehr und mehr zurückgedrängt. Damit hatte die Revolution bereits ihren Höhepunkt überschritten, obgleich das in jenen Tagen noch nicht zu sehen war.

Ebert arrangierte sich mit dem Vollzugsrat und den Unabhängigen Sozialdemokraten, um die Arbeitermassen zu beruhigen. Doch wollte er sich weder von den Revolutionären Obleuten noch vom Vollzugsrat einbinden lassen. Am Abend des 10. November kam es dann über eine geheime Telefonleitung zu einem Gespräch mit dem Generalleutnant Wilhelm Groener im Hauptquartier der Armee in Westdeutschland. Groener bot die Hilfe des Militärs an, stellte aber auch Forderungen: Schluss mit dem „Räteunwesen", Rückkehr zu „geordneten Zuständen". All das wollte Ebert auch. Später sprach Groener von einem „Bündnis", das in diesem Telefonat besiegelt worden sei.

Jetzt gab das Militär die Parole aus: „Gegen eine bolschewistische Revolution!" Doch eine solche Gefahr bestand überhaupt nicht. Denn eine bolschewistische Partei von Berufsrevolutionären gab es in Deutschland nicht, die USPD und die Revolutionären Obleute wollten eine Demokratisierung und Parlamentarisierung. Und auch Liebknecht und Luxemburg wollten die Revolution nicht von einer Partei der Berufsrevolutionäre Leninschen Zuschnitts durchgeführt sehen. Die Arbeiter- und Soldatenräte repräsentierten eine Massenbewegung und waren überwiegend sozialdemokratisch und damit parlamentarisch orientiert. Die angeblich drohende bolschewistische Revolution war eine Erfindung des Militärs, ein propagandistisch aufgeblasener Popanz. Mit der Realität hatte dieses Schreckgespenst nichts zu tun. Tatsächlich standen hinter dieser Parole die kollektiven Abstiegsängste einer bislang hochprivilegierten Gruppe: der Militärkaste. Die wiederum war eng verbunden mit dem landbesitzenden Adel. Beide waren die tragenden Säulen des Kaiserreichs gewesen.

Auch die Sozialdemokratie griff die Hetzparole des Militärs auf. Besonders für Gustav Noske, von Ebert gerade zum „zivilen Oberbefehlshaber" gemacht, war alles, was nicht in seine obrigkeitsstaatlichen Ordnungsklischees passte, „bolschewistisch".

Noske, mit Ebert befreundet und dem Führungszirkel der SPD zugehörig, war als Politiker allen theoretischen Überlegungen abhold, zudem ein ehrlicher und eingefleischter Militarist, den die Offiziere mit Hilfe seiner Vorurteile und mit Schlagworten an der Nase herumführten. Bei seiner Ernennung zum Oberbefehlshaber äußerte er: „Meinetwegen! Einer muss der Bluthund werden, ich scheue die Verantwortung nicht.“

Am 24. Dezember wurde auf Eberts Befehl das Militär gegen die Matrosen, die das Schloss besetzt hatten, eingesetzt. Der Auslöser war, dass die Soldaten ihre Löhnung verlangten, die ihnen verweigert worden war. Das Ergebnis waren erbitterte Kämpfe zwischen nach Berlin gebrachten Truppen der Militärführung und den revoltierenden Matrosen, 70 Menschen kamen dabei ums Leben. Daraufhin schieden die USDP-Vertreter aus dem „Vollzugsrat der Arbeiter- und Soldatenräte“ aus. Nach dem Einsatz des Militärs war der linke Flügel der USPD nicht mehr willens, das „Bündnis“ der SPD mit der alten Militärkaste mitzutragen und mit der SPD zusammenzuarbeiten. Der Bruch kam Ebert gerade Recht.

Die USPD wurde von inneren Kämpfen zerrissen. Ein Teil der USPD verließ die Partei und gründete unter maßgeblicher Mitwirkung des Spartakusbunds und besonders Liebknechts und Luxemburgs am 30. Dezember 1918 die Kommunistische Partei Deutschlands (KPD). Die Revolutionären Obleute machten diese Parteineugründung nicht mit. Anfang Januar 1919 riefen Luxemburg und Liebknecht zum Sturz der Regierung auf – eine Regierung, die niemand gewählt hatte, die sich an das Alte, Überkommene klammerte und die allen tiefgreifenden Veränderungen in Politik und Gesellschaft feindlich gegenüber stand. Der Aufruf zum Sturz der Regierung besiegelte ihr Schicksal. Beide lehnten die Anwendung von Gewalt zur Erreichung politischer Ziele ab. Im Spartakusprogramm stand: „Die proletarische Revolution bedarf für ihre Ziele keines Terrors; sie hasst und verabscheut den Menschenmord." Das unterschied sie grundsätzlich von ihren politischen Gegnern. Die hatten aus der blutigen Schlächterei des Kriegs die Lehre gezogen, dass ein Menschenleben nichts gilt.

Am 5. Januar riefen Linkssozialisten in der USPD und Kommunisten einen „Aktionstag" aus, um gegen die Absetzung des der USPD angehörenden Berliner Polizeipräsidenten durch die Ebert-Regierung zu protestieren. Die Massendemonstration auf dem Alexanderplatz – hier befand sich das Polizeipräsidium – verlief anfangs diszipliniert und friedlich, wenngleich viele Demonstranten bewaffnet waren. Aber am Nachmittag entwickelte sich aus der Demonstration eine bewaffnete Aktion: Etwa 300 Demonstranten zogen in das Zeitungsviertel und besetzten Verlagsgebäude, Redaktionen und Druckereien. Diese Leute – in den nächsten Tagen stieg ihre Zahl auf rund 1.000 an – lieferten sich über mehrere Tage hinweg Schießereien mit dem Militär, das rund 10.000 Mann gegen die Aufständischen aufbot. Das war es, was später fälschlich als „Spartakusaufstand" bezeichnet wurde. Die KPD hat den Januaraufstand weder vorhergesehen noch gewollt, weder geplant noch gelenkt. Es war ein planloser, führungsloser, spontaner Massenaufstand. Strategisch ergab die Besetzung des Zeitungsviertels auch keinen Sinn. Ebert gab den Befehl, diesen Aufstand von den regulären Truppen zusammenschießen zu lassen.

Am 13. Januar waren die Kämpfe in Berlin so gut wie beendet. Das Ergebnis waren rund 200 Tote, zu 90 Prozent auf Seiten der Aufständischen. Noske war seiner Selbsteinschätzung gerecht geworden.

Rosa Luxemburg hatte die politische Entwicklung der vergangenen Tage und Wochen in der „Roten Fahne", der Zeitung der KPD, Tag für Tag analysiert und kommentiert, nüchtern und realistisch. Doch damit zog sie den Hass, einen tödlichen Hass der Bloßgestellten – und das war nicht zum Wenigsten die

SPD-Führung – auf sich. Seit Anfang Dezember waren an den Berliner Anschlagsäulen Plakate aufgetaucht, die zum Mord an den Spartakusführern, besonders an Liebknecht, aufriefen. Unterzeichnet waren die Plakate mit „Die Frontsoldaten" – wer immer das sein mochte. Nach dem Mordaufruf hielten sich Liebknecht und Luxemburg versteckt.

Noske ließ Liebknechts Telefon und Post durch das Militär überwachen, in der Erwartung, ihn so aufzuspüren.

Die Garde-Kavallerie-Schützen-Division, eine militärische Eliteeinheit des kaiserlichen Heeres, hatte ihr Hauptquartier im Eden-Hotel bezogen. Der militärische Befehlshaber war ein General, der zu dieser Zeit krank war. Dessen Stellvertreter, der Hauptmann Waldemar Pabst, war faktisch der Kommandeur der Truppe. Bei ihm liefen alle Fäden zusammen.

Die Suche nach Liebknecht und Luxemburg war schließlich erfolgreich gewesen. Eine „Bürgerwehr" aus fanatisierten Kleinbürgern hatte die beiden sowie Wilhelm Pieck in Berlin-Wilmersdorf aufgestöbert. Ohne dass ein Haftbefehl vorgelegen hätte, wurden die drei dann von der GKSD festgenommen. Für Pabst war klar, dass er die Symbolfiguren der Revolution beseitigen musste; „Exekution" nannte er das. Dabei war er sich des Einverständnisses Noskes, der sein Hauptquartier in Berlin-Dahlem weit weg vom aufrührerischen Zentrum der Stadt aufgeschlagen hatte, gewiss.

Nach der illegalen Festnahme der beiden Gesuchten rief Pabst Noske an und bat um einen Befehl zur Liquidierung Luxemburgs und Liebknechts. Doch Noske wollte einen solchen Befehl nicht erteilen und wies Pabst an, auf eigene Faust zu handeln. Später schrieb Pabst in seinen unveröffentlichten, heute im Bundesarchiv liegenden Memoiren: „Dass sie (die Exekution) durchgeführt werden musste, darüber bestand bei Herrn Noske und mir nicht der geringste Zweifel, als wir über die Notwendigkeit der Beendigung des Bürgerkriegs sprachen. Aus Noskes Andeutungen musste und sollte ich entnehmen, auch er sei der Ansicht, Deutschland müsse so schnell wie möglich zur Ruhe kommen, das Vergießen des Blutes auf beiden Seiten zu Ehren Herrn Lenins müsse schleunigst zu Ende gebracht werden… Über das ‚dass' bestand also Einigkeit. Als ich nun sagte, Herr Noske, geben sie bitte Befehle über das ‚Wie', meinte Noske: ‚Das ist nicht meine Sache! Dann würde die Partei zerbrechen, denn für solche Maßnahmen ist sie nicht und unter keinen Umständen zu haben. Das soll der General (gemeint war Pabsts Vorgesetzter) tun, es sind seine Gefangenen.'" Pabst wandte ein, dass er einen solchen Befehl nie bekommen werde. Daraufhin habe Noske geäußert, dann müsse er „selbst verantworten", was zu tun sei.

Aus Pabsts Aufzeichnungen wird unzweideutig klar, dass Noske über die geplanten Tötungen informiert war und dass sie seine Zustimmung fanden. Auch wenn Noske einen ausdrücklichen Befehl ablehnte, durfte und sollte Pabst Noskes Äußerungen als Freibrief zum Mord verstehen. Man muss annehmen, dass Pabst die Tötung auch ohne Noskes Duldung durchgeführt hätte. Jedenfalls war er bereit, die von ihm angeordnete Exekution selbst zu verantworten.

Hauptmann Pabst ließ nunmehr ein Begleit- und Transportkommando zusammenstellen. Das waren alles Offiziere aus seiner Einheit, doch bis auf jeweils einen Transportführer trugen diese Offiziere Mannschaftskleidung. Liebknecht sollte „auf der Flucht" erschossen werden. Bei Luxemburg wäre das nicht glaubhaft gewesen, denn sie war nur 1,50 Meter groß und sie hinkte. Da mussten es eben die Massen sein, die sie „aufgepeitscht" hatte. Doch dann lief alles etwas anders als geplant, denn es gab noch ein weiteres Mordkomplott, von dem Pabst nichts wusste. Ein anderer Offizier seiner Einheit, Hauptmann Waldemar Petri, hatte einem Soldaten, dem Jäger Otto Wilhelm Runge, 100 Mark gegeben, damit er Liebknecht töte, indem er ihm mit dem Gewehrkolben den Schädel einschlage.

Am Abend des 15. Januar 1919 trafen sich in Wilmersdorf in der Mannheimer Straße 27, Rosa Luxemburg, Karl Liebknecht und Wilhelm Pieck. Mit Hilfe gefälschter Papiere wollten sie untertauchen. Da erschien plötzlich das Kommando der Garde-Kavallerie-Schützen-Division. Die drei wurden festgenommen und getrennt voneinander in das Hotel Eden am Kurfürstendamm gebracht. Dort hatte das Freikorps sein Hauptquartier aufgeschlagen und dort wartete bereits Pabst. Er hatte schon ziemlich genaue Vorstellungen von dem, was in dieser Nacht passieren sollte. Gegen 22 Uhr kam Rosa Luxemburg im Hotel Eden an. In der Lobby warteten schon etliche Offiziere der Garde-Kavallerie-Schützen-Division. Sie beschimpften und verhöhnten die kleine Frau, drohten ihr an, dass ihr „heute Nacht ihr Maul gestopft" würde. Andere beleidigten sie: „Rosa, du alte Hure."

Luxemburg, Liebknecht und Pieck waren nun in die Hände eines echten Kommunistenfressers geraten, der sich das „Vergnügen" nicht nehmen ließ, die drei einzeln zu verhören – und zu schikanieren. Liebknecht verleugnete zunächst sogar seinen Namen, doch seine Identität wurde schnell aufgedeckt. Die Gefangenen Luxemburg und Liebknecht wurden während der Verhöre schwer misshandelt. Pieck dagegen kam davon. Er hörte mit an, wie die anderen gefoltert wurden. Dann führte Pabst ein Telefongespräch mit Noske. Pieck schnappte das Gespräch auf und erfuhr so, dass es einen Plan gab, Luxemburg und Liebknecht noch in dieser Nacht zu beseitigen. Jetzt verriet Pieck so ziemlich jeden und alles. Pabst versprach, ihn dafür frei zu lassen. Er sollte sein Versprechen halten.

Gegen 22 Uhr führten die getarnten Marineoffiziere Liebknecht zu einem an einem Nebeneingang des Eden-Hotels wartenden Wagen. Transportführer, gekleidet in korrekter Uniform, war der Kapitänleutnant Horst von Pflugk-Hartung. Der Jäger Runge wartete am Haupteingang des Hotels und musste eiligst um das Gebäude laufen. Liebknecht saß bereits im offenen Wagen zwischen zwei Bewachern, getarnten Offizieren. Runge versetzte Liebknecht einen Schlag mit dem Kolben seines Gewehrs. Schwer getroffen sank Liebknecht blutend in den Sitz. Zwar befand sich eine Rettungsstation gegenüber dem Hotel, doch das interessierte die Offiziere nicht. Das Auto, dessen Ziel eigentlich die Haftanstalt Moabit sein sollte, fuhr durch den dunklen Tiergarten. Dann fingierten die Bewacher eine Panne. Der schwer verletzte Liebknecht musste unter Mithilfe der Begleiter aussteigen, einer führte ihn und ließ dann los. Nach wenigen Schritten wurde Liebknecht hinterrücks von vier Offizieren in Mannschaftsuniformen niedergeschossen. Er war vermutlich sofort tot. Um 23.15 Uhr lieferten die Offiziere Liebknechts Leiche in der Rettungsstation gegenüber dem Eden-Hotel ab. Anschließend gingen sie zu Hauptmann Pabst und meldeten Vollzug.

Um 23.40 Uhr wurde Luxemburg durch den Haupteingang des Hotels zu einem wartenden Wagen geführt. Dort stand wieder der Jäger Runge. Als Luxemburg durch die Eingangstür ging, schlug er mit dem Gewehrkolben auf sie ein. Bereits nach dem ersten Schlag ging sie zu Boden. Auf die am Boden liegende Luxemburg schlug Runge ein zweites Mal ein. Die Halbtote, der das Blut aus Mund und Nase strömte, wurde in den Wagen geworfen. Nach etwa 40 Metern sprang ein „Unbekannter" – es war der von Pabst dafür ausgesuchte Leutnant zur See Hermann Souchon – auf das Trittbrett des Wagens, setzte seine Pistole an Luxemburgs Kopf, drückte ab und verschwand im Dunkel der Nacht. Der Schuss tötete Luxemburg sofort. Der Wagen fuhr dann etwa 600 Meter weiter, hielt an einer Brücke über dem Landwehrkanal am Rande des Tiergartens und die Leiche wurde auf Anordnung des Transportführers Kurt Oberleutnant Vogel in das schlammige Wasser geworfen. Pabst hatte allerdings befohlen, die sterblichen Überreste ins Leichenschauhaus zu bringen. Wegen Vogels befehlswidrigem Verhalten war

An der Lichtensteinbrücke am Katharina-Heinroth-Ufer erinnert ein Mahnmal an die Stelle, an der die Leiche Dr. Rosa Luxemburgs in den Landwehrkanal geworfen wurde. (Foto: Peter Ehrentraut)

es nun nötig, dass Pabst die Legende von der aufgebrachten Menschenmenge erfand, die Luxemburgs Leiche mitgenommen habe. Die Leiche wurde erst Monate später, am 31. Mai, an einer Schleuse im Landwehrkanal gefunden. (Diesbezüglich wird es 90 Jahre danach einige Verwirrungen geben, als eine alte Wasserleiche in der Berliner Charité untersucht wird. Tatsächlich ist der Obduktionsbericht von 1919 an mehreren Stellen unstimmig, wahrscheinlich wurde damals statt der Leiche Rosa Luxemburgs eine andere beerdigt).

Ungefähr um 6 Uhr früh am nächsten Tag erhielt Pabst aus der Reichskanzlei die Aufforderung, dort zu erscheinen. Pabst nahm ein riesiges Bewachungsaufgebot seiner Division mit, weil er mit der Möglichkeit seiner Verhaftung rechnete. Doch weit gefehlt. Sowohl Ebert wie auch Noske drückten ihm anerkennend die Hand. Beide Politiker waren sich allerdings auch im Klaren, dass die Morde einen Sturm der Entrüstung auslösen würden. Man einigte sich auf die Einleitung eines Ermittlungsverfahrens – und zwar durch das Kriegsgericht der Division. Jetzt sollten also die Kameraden der Mörder über diese zu Gericht sitzen. Die Regierung versprach am gleichen Tage eine „strengste Untersuchung". Einen Vorgeschmack davon, was das heißen sollte, lieferte am gleichen Tage Philipp Scheidemann, der in einer Rede in seiner Heimatstadt Kassel sagte: „Sie sind nun selbst zum Opfer ihrer eigenen blutigen Terrortaktik geworden." Am nächsten Tag, dem 17. Januar 1919, druckte der „Vorwärts", die Parteizeitung der SPD, Scheidemanns Rede ab. Der Vorwärts druckte auch eine Erklärung der Reichsregierung ab, in der es hieß: „Die beiden Getöteten hatten sich zweifellos schwer am deutschen Volke vergangen."

Am 18. Januar brachte die „Freiheit", die Zeitung der USPD, einen Bericht, der die Gewehrkolbenschläge an den Ausgängen des Eden-Hotels beschrieb.

Der als Untersuchungsführer des Kriegsgerichts eingesetzte Kriegsgerichtsrat Kurtzig war offensichtlich tatsächlich bestrebt, die Morde aufzuklären. Noch am Abend des 16. Januar verhörte er die beiden Transportführer, Kapitänleutnant Pflugk-Hartung und Oberleutnant Vogel und ließ sie anschließend verhaften. Daraufhin wurde Kurtzig „zur Unterstützung“ ein weiterer Kriegsgerichtsrat beigegeben, Paul Jorns. Dieser erreichte sehr schnell, dass Kurtzig abgelöst wurde. Kurtzigs Ablösung und seine Ersetzung durch Jorns war wiederum von Pabst veranlasst worden. Später, im Jahre 1966, gab Pabst in einem Gespräch gegenüber mehreren Journalisten und Historikern zu, dass Jorns den Auftrag gehabt habe, einen Prozess durch „Zurechtdrehen“ zu verhindern; darum habe er sich redlich bemüht. Jorns ließ die beiden Verdächtigen umgehend frei. Jorns' Bemühungen gingen so weit, dass Pabst bei den nun folgenden Zeugenvernehmungen zugegen war. Gegen den Jäger Runge wurde Haftbefehl erlassen, doch der war verschwunden: Er tat jetzt Dienst als „Krankenwärter Dünnwald“ irgendwo an der dänischen Grenze. Auch das hatte Pabst arrangiert.

Am 12. Februar erschien in der Roten Fahne, der Parteizeitung der KPD, ein sensationeller Artikel von Leo Jogiches, einem zeitweiligen Lebensgefährten und jahrzehntelangen politischen Mitstreiter Rosa Luxemburgs, der nach dem Doppelmord Parteivorsitzender der KPD geworden war. Jogiches hatte bereits der Gruppe Internationale und der Spartakusgruppe angehört. Bei der Abspaltung der USPD von der SPD war er maßgeblich beteiligt gewesen. Der Artikel beschrieb die Taten recht genau mit vielen bislang unbekannten Einzelheiten. Die Namen des Jägers Runge und des Kapitänleutnants von Pflugk-Hartung wurden genannt, der Oberleutnant Vogel als Mörder Luxemburgs bezeichnet und Pabst als Begünstiger der Mörder identifiziert. Nur vier Wochen später, am 10. März, wurde Jogiches verhaftet, in das Gefängnis Moabit gebracht, misshandelt und von einem Kriminalbeamten durch einen aufgesetzten Genickschuss getötet – angeblich „auf der Flucht erschossen". Es versteht sich von selbst, dass die Ermittlungen in dieser Angelegenheit im Sande verliefen. Damals wurden von den Militärs viele Beteiligte wie Unbeteiligte „auf der Flucht erschossen". Nicht wenige müssten, den Einschusslöchern nach zu urteilen, bei ihrer „Flucht" rückwärts gegangen sein.

Nach Jogiches Artikel musste das Kriegsgericht unter dem Druck der Öffentlichkeit tätig werden und ließ alle beteiligten Offiziere verhaften. Doch die Zellentüren im Gefängnis in Moabit standen weit offen, einer der inhaftierten Offiziere vergnügte sich eines Abends in einer Bar. Hauptmann Pabst und Kapitänleutnant Wilhelm Canaris (Angehöriger der GKSD, Adjutant Noskes sowie Mitglied des Kriegsgerichts) gingen im Gefängnis aus und ein. Tagelang probten sie das Gerichtsverfahren mit verteilten Rollen.

Am 8. Mai begann der Prozess im Kriminalgericht Moabit, das von starken Einheiten der GKSD abgeriegelt worden war. Die Beschuldigten logen an einem Stück. Zwar forderte Jorns die Todesstrafe für die Mörder, aber das war nicht weiter von Belang. Die Mörder Liebknechts, die vier beteiligten Offiziere, wurden freigesprochen. Lediglich Runge und Vogel – letzterer hatte Luxemburgs Leiche in den Landwehrkanal werfen lassen und nach Jogiches' Artikel wurde er verdächtigt, den tödlichen Schuss abgegeben zu haben – wurden verurteilt. Allerdings nicht wegen Mordversuchs oder gar Mordes, sondern Runge bekam wegen versuchten Totschlags zwei Jahre Gefängnis, Vogel wurde vom versuchten Totschlag freigesprochen und erhielt wegen Beiseiteschaffens einer Leiche zwei Jahre und vier Monate Gefängnis.

Im Jahre 1967 schrieb Waldemar Pabst: „Wir haben… alle Vorkehrungen für den Prozess getroffen, dass keinem der Beteiligten ein Haar gekrümmt werden konnte, wenn sie sich in der entscheidenden Nacht nach meinen Befehlen verhalten hätten. Infolge des Dazwischentretens des Hauptmanns Petri durch Bestechung des Runge und dass Vogel dadurch den Kopf verlor, konnte das Gericht aber auch unmöglich diese beiden freisprechen." Gustav Noske als „Oberbefehlshaber" bestätigte das Urteil des Kriegsgerichts.

Kurz nach dem Prozess entfloh Vogel aus dem Gefängnis. Auch da erwiesen sich die Kameraden der GKSD als hilfreich. Am 17. Mai erschien ein Leutnant Lindemann im Gefängnis Moabit mit einer Bescheinigung, die eine sorgfältig gefälschte Unterschrift des Kriegsgerichtsrats Jorns und einen Stempel der GKSD trug, der zufolge Vogel in das Strafgefängnis Berlin-Tegel verlegt werden sollte. Der „Leutnant Lindemann" war in Wahrheit Kapitänleutnant Canaris von der GKSD. Vogel floh nach Holland und wurde dort längere Zeit mit Geldern des „Bunds der Frontsoldaten" (später „Stahlhelm") unterstützt.

Der Prozess war ein groß angelegtes Vertuschungsmanöver. In der Weimarer Republik gab es dann, ausgelöst durch neue Erkenntnisse in Presseveröffentlichungen, mehrere Prozesse gegen Jorns, doch ohne Ergebnis. Diese Prozesse deckten zwar einiges auf, doch die wesentlichen Dinge wurden erst in den 1960er Jahren und teilweise viel später aufgeklärt, als sich Pabst bereit fand, zu reden – allerdings nicht öffentlich. So schrieb Pabst im Jahre 1969 an einen Verleger, der seine Memoiren veröffentlichen sollte: „Es war schon damals eine Schweinerei, dass es überhaupt zu einem Prozess kam, den weder Ebert noch Noske gewollt haben. Speziell Noske hatte mir versprochen, dass es nicht dazu kommen werde." Und in einem anderen Brief, ebenfalls im Jahre 1969, schrieb Pabst: „Tatsache ist: Die Durchführung der von mir angeordneten Befehle ist leider nicht so erfolgt, wie es sein sollte. Aber sie ist erfolgt, und dafür sollten diese deutschen Idioten Noske und mir auf den Knien danken, uns Denkmäler setzen und nach uns Straßen und Plätze benannt haben! Der Noske war damals vorbildlich, und die Partei (bis auf ihren halbkommunistischen linken Flügel) hat sich in dieser Affäre damals tadellos benommen. Dass ich die Aktion ohne Noskes Zustimmung gar nicht durchführen konnte (mit Ebert im Hintergrund) und auch meine Offiziere schützen musste, ist klar. Aber nur ganz wenige Menschen haben begriffen, warum ich nie vernommen oder unter Anklage gestellt worden bin, und warum die kriegsgerichtliche Verhandlung so gelaufen ist, Vogel aus dem Gefängnis befreit wurde usw. usw."

Im Jahre 1969 legte in einem Prozess in Stuttgart ein Anwalt eine Notiz vor, die er nach einem Gespräch mit Pabst angefertigt hatte. Danach habe Pabst gesagt: „Unter uns, der Souchon hat natürlich geschossen, und den Befehl dazu hat er von mir bekommen." Gemeint war Souchons Schuss auf Luxemburg vom Trittbrett des Wagens. Noske hatte sich also in den Augen des Auftraggebers des Doppelmords „vorbildlich" verhalten. Und über Ebert äußerte Pabst im Jahre 1966: „Damals konnten wir keinen Besseren haben."

Otto Runge saß als Einziger seine Strafe ab, erhielt bereits danach finanzielle Zuwendungen und später auch Zuwendungen des NS-Regimes. Im Mai oder Anfang Juni 1945 wurde er, 70-jährig, von Kommunisten in Berlin festgenommen, der sowjetischen Kommandantur übergeben und dort vermutlich umgebracht. Horst von Pflugk-Hartung floh mit Canaris' Hilfe nach Schweden und spionierte später in den 1930er Jahren für Canaris in Dänemark. Nach dem Krieg war er Kaufmann in Hamburg und starb im Jahre 1967. Das Urteil gegen Kurt Vogel wurde im Jahre 1928 aufgehoben, er überlebte den Krieg, über sein weiteres Schicksal ist nichts bekannt. Hermann Souchon floh 1920 nach Finnland, kehrte 1935 nach Deutschland zurück und wurde

Ebenfalls am 15. Januar 1919, wenige hundert Meter nördlich des Landwehrkanals, wurde Dr. Karl Liebknecht am Neuen See ermordet. *(Foto: Peter Ehrentraut)*

Oberst der Luftwaffe. Er wurde niemals gerichtlich belangt und starb 1982. Hauptmann Waldemar Petri wurde ebenfalls nicht verurteilt, er endete später durch Selbstmord. Paul Jorns, bereits 1933 in die NSDAP eingetreten, war von September 1939 bis Dezember 1941 Oberreichsanwalt am Volksgerichtshof, der politische Prozesse verhandelte, die zumeist mit Todesurteilen endeten. Pabst wurde nach einem elfjährigen Zwischenspiel in einer militärischen Organisation in Österreich im Jahre 1931 Direktor der Rheinmetall Borsig AG, also Rüstungsmanager mit exzellenten Verdienstmöglichkeiten; auch nach dem Krieg machte er weiterhin Waffengeschäfte. Er starb im Jahre 1970, ohne jemals angeklagt worden zu sein. Canaris wurde Admiral und im Jahre 1935 Chef der Abwehr (des militärischen Geheimdienstes). Nach dem 20. Juli 1944 wurde er, obgleich nicht direkt am Umsturzversuch beteiligt, wegen Verbindungen zum Widerstand verhaftet und im April 1945 auf höchst brutale Art im KZ Flossenbürg hingerichtet. Noske war von 1920 bis 1933 Oberpräsident der Provinz Hannover und wurde 1933 von den Nationalsozialisten sehr freundlich mit zwei Dritteln seiner Pension in den Ruhestand geschickt. Der preußische Innenminister Göring sagte ihm damals: „Sie sind der einzige von den früheren Leuten, deren Verdienste wir anerkennen." Er schrieb noch zwei Memoirenbände und starb verbittert und vereinsamt im Jahre 1946. Das Image des „Bluthunds" hing ihm lebenslänglich an.

Die Justiz der Bundesrepublik war in den Zeiten des Kalten Kriegs, als die DDR – vollkommen zu Unrecht – Liebknecht und Luxemburg als Vorkämpfer ihres Staats beanspruchte, nicht willens, den Mord zu sühnen, soweit es Pabst und Souchon betraf. Diese Aufgabe übernahmen dann seit den frühen 1960er Jahren einige Journalisten und Historiker.

Mit Pabst und Noske wurde der politische Mord in die deutsche Innenpolitik eingeführt – mit ungeahnten Folgen. Denn

Morden war von nun an nicht mehr identisch mit Bestraftwerden. Der Prozess vor dem Kriegsgericht gegen die Liebknecht- und Luxemburg-Mörder war der Anfang einer langen Reihe von Prozessen der politischen Justiz während der Weimarer Republik, in denen die Justiz Linke gnadenlos verfolgte und Rechte, insbesondere dann, wenn sie irgendwie dem Militär verbunden waren, begünstigte. Das Klügste, was sich über den Meuchelmord sagen lässt, hat Sebastian Haffner, einer der großen Publizisten der Bundesrepublik, bereits Ende der 1960er Jahre geschrieben: „Liebknecht und Luxemburg waren die Symbole der Revolution, und mit ihnen erschlug man die Revolution. Der Mord an beiden war der Mord an überlegenem Mut und an überlegenem Geist, und er war der Mord an der unwiderlegbaren Wahrheit. Der Mord war ein Auftakt – der Auftakt zu den tausendfachen Morden in den folgenden Monaten der Noske-Zeit, zu den millionenfachen Morden in den folgenden Jahren der Hitler-Zeit. Dieser Mord war das Startzeichen für alle anderen."

Im Mai 2009 legt der Chef der Rechtsmedizin an der Berliner Charité, Prof. Michael Tsokos, Indizien vor, wonach sich die Leiche Rosa Luxemburgs im Fundus seines Instituts befinden könnte. Gerüchte diesbezüglich hatte es schon lange gegeben. Die Wasserleiche ohne Kopf und ohne Hände gehört seit Jahrzehnten zur anatomischen Sammlung und stammt Untersuchungen zufolge aus dem Jahre 1919. Sowohl ihre Größe als auch das anzunehmende Alter stimmen mit Rosa Luxemburg überein. Doch das eigentlich Überzeugende: Die Leiche weist eine Fehlstellung des Hüftgelenks auf – eine Fehlstellung, unter der auch Rosa Luxemburg gelitten hatte. Bei der Leiche, die als Rosa Luxemburg auf dem Sozialistenfriedhof beigesetzt wurde, kann es sich folglich nicht um die Spartakistin gehandelt haben. Denn dieser Körper wies keine Fehlstellung der Hüfte auf. Das hatten die Gerichtsmediziner Fritz Strassmann und Paul Fraenckel, die die Tote aus dem Landwehrkanal am 13. Juni 1919 untersuchten, explizit ausgeschlossen. „Eine messbare Verkürzung der Beine besteht nicht", notierten sie damals und vermerkten weiter: „Ursachen einer eigentlichen Lahmheit" sowie „für watschelnden Gang" fänden sich nicht. Eine Exhumierung der damals untersuchten Leiche ist nicht möglich, da die Gebeine aus den Grabstätten Luxemburgs und Liebknechts im Jahre 1935 von den Nazis geraubt worden waren. Dass bei der Toten in der Charité die Merkmale fehlen, die vor neunzig Jahren normalerweise zweifelsfrei eine Identifizierung ermöglicht hätten, nämlich Gesicht und Finger, ist ein weiteres Indiz.

Doch bei allen Indizien, so räumt Michael Tsokos ein, gibt es keine hundertprozentige Sicherheit, dass die Wasserleiche tatsächlich Rosa Luxemburg ist. Letzte Zweifel könnte ein Gentest beseitigen. Doch bislang fehlt es an geeignetem genetischem Material. Der Gerichtsmediziner beklagt, dass Rosa Luxemburg, die unzählige Briefe geschrieben hatte, offensichtlich nicht einmal Briefmarken abgeleckt habe. Nur eine einzige Briefmarke mit DNA-Spuren wurde gefunden, aber die Probe war nicht verwendbar.

Eine entfernte Verwandte soll in einem polnischen Altersheim leben. Doch von ihr eine Genprobe zu bekommen, erscheint schwierig, da sie nicht in der Lage ist, dafür ihre Einwilligung zu geben.

DIE BRÜDER SASS

von Peter S. Kaspar

Ob es wahr ist, dass Ende der 1920er-Jahre arme Bürger in Berlin Moabit unvermittelt größere Geldbeträge in ihren Briefkästen gefunden haben, ist bis heute umstritten. Es gehört allerdings unverrückbar zum Mythos der Gebrüder Franz und Erich Sass, die zu den genialsten Gesetzesbrechern des 20. Jahrhunderts gezählt werden. Dabei ist ihnen zumindest in Berlin nur ein einziger Coup tatsächlich gelungen. Hätten sie sich nicht gerade auf dem Gebiet des Verbrechens selbst verwirklicht, sondern in Wissenschaft oder Kultur – sie wären als große Entdecker, Erfinder oder bahnbrechende Revolutionäre in die Geschichtsbücher eingegangen. So haben sie nur Kriminalgeschichte geschrieben, doch die hat es durchaus in sich. Die beiden Brüder aus dem armen Arbeiterviertel waren die ersten, die auf die Idee kamen, Tresore mit Schneidbrennern zu knacken.

Franz und Erich wachsen in Moabit auf, in einem der für Berlin so typischen Hinterhöfe. Die Wohnung ist klein, gerade einmal 40 Quadratmeter. Die müssen sie sich nicht nur mit den Eltern, sondern auch noch mit drei weiteren Brüdern teilen. Schon früh kommen sie mit dem Gesetz in Konflikt. Doch das ist in diesem sozialen Milieu, in das sie hineingeboren werden, eher die Regel als die Ausnahme. Im Grunde sind es keine ernsten Dinge. Da mal ein kleiner Diebstahl, dort eine kleine Betrügerei. Von Gewalttätigkeiten ist nichts bekannt.

1926 wollen sie dann ins große Geschäft einsteigen. Franz ist 22, sein jüngerer Bruder Erich 20 Jahre alt. Bei der Firma Fernholtz in der Potsdamer Straße erstehen sie einen Schneidbrenner. Doch es dauert noch eine ganze Weile, bis sie ihre neue Errungenschaft zum Einsatz bringen. Das liegt wohl auch daran, dass sich die Polizei für das neue Hobby der beiden interessiert.

Der Schneidbrenner wird beinahe beschlagnahmt, doch da die Beamten weder beweisen noch sich so recht vorstellen können, dass das Gerät für eine Straftat benutzt werden soll, lässt man die Sass-Brüder samt Schneidbrenner laufen.

Viele Monate später denkt niemand mehr an diesen Zwischenfall, glauben die beiden.

Im März 1927 ist ihr erstes Ziel die Filiale der Deutschen Bank in Moabit. Zunächst müssen sie in den Tresorraum kommen. Hier zeigen die Brüder dann zum ersten Mal eine Technik, die sie in den kommenden Jahren noch erheblich verfeinern werden. In der Regel gilt es, eine Wand zu durchbrechen. Doch Franz und Erich stemmen sie nicht einfach mit großem Getöse auf, sie beharken die Wand auch nicht mit Vorschlaghammer oder Spitzhacke. Stattdessen bauen sie Stein für Stein aus, bis das Loch im Mauerwerk groß genug ist, um hindurch zu schlüpfen. Das dauert zwar länger, verursacht dafür aber auch keinen Lärm. In ihrer Arbeitsweise sind die beiden penibel bis zur Pedanterie. Und noch etwas anderes fällt auf: Sie sind unglaublich gut informiert, kennen jede Wand, jeden Schacht, jede Tür. Der Raubzug war akribisch vorbereitet.

Doch eines haben sie nicht bedacht. Als sie den eigentlichen Tresor aufschweißen, wird ihnen bald klar, dass die Luft buchstäblich immer dünner wird. Der Schneidbrenner verbraucht den Sauerstoff in dem kleinen Raum sehr schnell. Sie werden zunächst müde, deuten die Anzeichen aber richtig und geben den Versuch auf.

Jedoch ist die Gefahr noch nicht vorbei. Der Schneidbrenner war der Polizei nämlich in Erinnerung geblieben. Das Haus in der Birkenstraße, in dem die Brüder mit den Eltern leben, steht unter Beobachtung. Aber das ist Franz und Erich nicht entgangen. Wenn die Polizei die beiden überwacht, dann drehen sie einfach den Spieß um und überwachen ihrerseits die Polizei.

Das soll sich acht Monate später auszahlen. Am 4. Dezember machen sie sich wieder ans Werk. Dieses Mal ist das Objekt ihrer Begierde eine Bank am Savignyplatz in Charlottenburg. Wieder gehen die Brüder sehr sorgfältig und akribisch vor. Einzeln werden die Ziegel aus der Wand des Tresorraums gebaut. Sie lassen sich viel Zeit, haben das Wochenende gewählt. Bevor Franz und Erich am nächsten Tag wieder an die Arbeit gehen, legen sie sich am Savignyplatz auf die Lauer, vorsichtshalber. Und sie trauen ihren Augen kaum. Die Polizei überwacht die Bank – unauffällig. Denn durch einen reinen Zufall war entdeckt worden, dass jemand tags zuvor versucht hatte, in die Bank zu gelangen.

Nach dem Fiasko am Savignyplatz pausieren die Brüder, doch bald versuchen sie es erneut. Es ist inzwischen ihr dritter Anlauf. Noch haben sie keine Reichsmark erbeutet und da sie den Schneidbrenner gekauft haben, muss er sich noch amortisieren.

Das soll in diesem Frühjahr nun geschehen, denn sie haben es auf die Kasse im Gebäude der Reichsbahn abgesehen, das nahe dem Gleisdreieck gelegen ist.

Und diesmal übertreffen sich die beiden selbst. Aus dem Erdgeschoss bohren sie ein Quadrat in die Decke, lauter kleine Löcher, die den Boden perfekt perforieren. Mit einer Abdeckung im Ton des Deckenputzes, wird der Zugang getarnt.

Sie gehen so leise wie möglich vor. Doch das Surren des Bohrers lässt sich nicht ganz vermeiden. Ein Wachmann hält dieses Surren für Katzengejammer und macht sich auf die Suche nach den Vierbeinern. Die beiden Brüder müssen alles stehen und liegen lassen und verschwinden so schnell sie können.

Der Schneidbrenner wird als ein Gerät der Firma Fernholtz identifiziert. Die Polizei vernimmt den Inhaber des Betriebs, und der kann sich auch noch gut an Franz und Erich Sass erinnern. Nun glaubt die Polizei, alles zu haben, was sie braucht und

Berlin, 2. Februar 1929: Fahndung nach den Gebrüdern Sass

(Foto: Peter Ehrentraut)

nimmt die Brüder fest. Aber sie kann den Schneidbrenner nicht eindeutig den beiden zuordnen. Das Duo verlässt triumphierend das Polizeigebäude.

An der redseligen Firma Fernholtz in der Potsdamer Straße rächen sich Franz und Erich Sass auf ihre Weise. Als sie einen neuen Schneidbrenner brauchen, weil sie den ehrlich erworbenen am Tatort zurücklassen mussten, klauen sie diesen aus dem Hause Fernholtz. Die größten kriminellen Erfolge der Gebrüder sind bis dahin Einbrüche, bei denen sie Werkzeuge für die geplanten großen Beutezüge stehlen. Die Polizei hat sie hierbei bereits im Verdacht. Doch beweisen können sie den cleveren Jungs aus Moabit nach wie vor nichts.

Das nächste Ziel der Sass-Brüder scheint eine Bank am Nollendorfplatz zu sein. Die Polizei sieht auch, wie die beiden das Gebäude betreten, ganz offensichtlich, um es auszuspähen. Jetzt muss man eigentlich nur noch warten, bis sie wieder herauskommen. Sie kommen aber nicht mehr heraus. Die Beamten durchsuchen das Gebäude und finden - nichts. Auch das gehört zu den phänomenalen Fähigkeiten der Gebrüder Sass, sie können sich von einem Moment zum anderen förmlich unsichtbar machen.

Noch eindrucksvoller wird diese Kunst bei einer Bank in der Budapester Straße angewandt. Der Portier hatte Brandgeruch bemerkt und die Feuerwehr alarmiert. Als klar ist, dass die Geruchsspur in die Stahlkammer einer Bank führt, wird die Polizei alarmiert, alle Eingänge geschlossen und die Umgebung hermetisch abgeriegelt. Hunderte von Schaulustigen haben sich bereits versammelt. Es verbreitet sich wie ein Lauffeuer: „Den Sass-Brüdern geht es nun an den Kragen. Sie sitzen in der Falle.“ Das Haus wird durchsucht. Es gibt keinen Zweifel: Das, was die Beamten finden, ist Sass-Maßarbeit allerhöchster Güte. Die Löcher in der Mauer sind sauber herausgearbeitet. Überall sind noch Attrappen zu finden, mit denen der Einbruch hätte getarnt werden sollen. Das Einzige, was fehlt, sind Franz und Erich Sass. Sie haben den Tatort überstürzt verlassen, das ist deutlich zu erkennen. Doch es ist völlig schleierhaft, wie sie unbemerkt aus dem Haus kommen konnten.

An einem milden Frühlingstag, es ist der 20. Mai 1928, sind die Brüder ihrem Ziel so nahe wie noch nie. Am Ausgang des Spreebogens steht die Oberfinanzkasse des Landesfinanzamtes. Es gibt zu dieser Zeit in ganz Deutschland wohl nur wenige Orte, wo mehr Geld auf einen Haufen gelagert ist, eine Summe von neun Millionen Reichsmark. Die sollen in den nächsten Tagen ihre Reise nach Westen antreten. Es handelt sich dabei nämlich um eine Rate der Kriegsreparationen an Frankreich. Würde ihnen dieser Coup gelingen, dann gäbe es nicht nur einen immensen wirtschaftlichen Schaden, es würde mit Sicherheit auch zu ernsten diplomatischen Verwicklungen mit Frankreich kommen.

Es bleibt unklar, wie es den beiden gelingt, ihre ganze schwere Ausrüstung an den Wachmännern vorbei zu schmuggeln. Aber sie schaffen es. Am Tresor fällt ihnen aber plötzlich ein, dass sie etwas vergessen haben. Sie wollten eigentlich den Draht kappen, der die Alarmanlage mit dem Wächterhäuschen verbindet. Wie immer sind die beiden bestens vorbereitet und wissen genau, wann das Wächterhäuschen besetzt ist und wann nicht. Erich fällt die Aufgabe zu, den Draht durchzuschneiden. Er will sich gerade an die Arbeit machen, als der Wachmann, der in dem Moment gar nicht da sein dürfte, zurückkommt. Erich wird entdeckt. Es gelingt ihm noch, seinen großen Bruder zu warnen und beide schaffen es ein weiteres Mal zu fliehen. Wieder einmal ist ihr gesamtes Werkzeug futsch, die neun Millionen Reichsmark gehen nach Frankreich.

Doch irgendwann sollte sich die Zähigkeit der Sass-Brüder auszahlen. Der Einbruch, der nun folgte, wurde zu einer

Legende, oft kopiert, nie erreicht und zu einem Stoff, der in unterschiedlichsten Arten immer wieder von Kino und Literatur aufgearbeitet wurde.

Es handelt sich dabei um den Raubzug in die Diskonto-Bank am Wittenbergplatz, gelegen in direkter Nachbarschaft des Kaufhauses KaDeWe. Rückblickend scheint es, als ob alle gescheiterten Coups nur dazu gedient hätten, den nun folgenden zu einem perfekten zu machen. Der Einbruch in die Diskonto-Bank kommt der Vorstellung vom perfekten Verbrechen sehr nahe.

Im Januar des Jahres 1929 naht das Unheil unterirdisch. Vom Nachbarhaus graben Franz und Erich einen Tunnel. Sie haben dafür eigens einen Raum im Keller des Hauses angemietet. Wochenlang graben sie, bis sie einen Lüftungsschacht erreichen. Von dort soll es schließlich bis zum Tresorraum gehen. Sie machen sich an die Arbeit. Ihre Aufmerksamkeit gilt den 181 Bankschließfächern. Sie öffnen 179 davon. Doch die Schließfächer bergen nicht nur Geld, Gold und Juwelen, sondern auch andere fast unbezahlbare Schätze. Zum Beispiel finden Franz und Erich Sass eine Originalpartitur von Richard Wagner. Es handelt sich um „Tristan und Isolde". Die beiden Bankräuber lassen das kostbare Stück ebenso zurück wie unzählige Bündel mit Geld und Schmuck. Wie hoch die Beute ist, wissen am Ende vielleicht nicht einmal sie selbst. Sie feiern ihren Triumph noch im Tresorraum mit zwei Flaschen Wein, die am Tatort leer zurückgelassen werden. Dann blockieren sie die Tresortür und verschwinden.

Es ist Montag und der Tresor der Marke Arnheim – eine der renommiertesten Firmen für Tresore – öffnet sich nicht. Das ist ein wenig peinlich. Wie soll man das nur den Kunden erklären? Schließlich kommt ein Spezialist der Firma. Auch ihm gelingt es nicht, den blockierten Mechanismus zu lösen. Der Montag vergeht und der Dienstag kommt. Noch immer versucht die Bankleitung den Tresor auf irgendeine Art zu öffnen; inzwi-

20. Mai 1928: Aus einem Tresor der Oberfinanzkasse des Landesfinanzamtes wollen die Gebrüder Sass eine Rate von Reparationszahlungen, bestimmt für die ehemaligen Gegner aus dem Ersten Weltkrieg, stehlen. Die Gelder sollten wenige Tage später an Frankreich ausgezahlt werden und lagerten im Westflügel. Heute befindet sich hier, Alt Moabit 145, eine Polizeiwache. Der Rest des Gebäudes wurde im Zweiten Weltkrieg zerstört. (Foto: Peter Ehrentraut)

schen ist es ihr sehr peinlich und langsam wird es auch teuer. Erst am Mittwoch beschließt man, die Wand zu durchbrechen. Im dem sich darbietenden Chaos von leergeräumten Schließfächern liegen zwei leere Flaschen Wein. Offiziell beziffert die Polizei den Schaden auf 150.000 Reichsmark. Eine gewaltige Summe, doch andere Schätzungen greifen viel höher. Zwei bis zweieinhalb Millionen Reichsmark sollen die Sass-Brüder bei diesem Einbruch erbeutet haben. Warum nie jemand die wahre Schadenshöhe erfahren hat, ist ziemlich einfach: Die Schließfachinhaber gaben die genaue Schadenshöhe einfach nicht an, weil sie Schwierigkeiten mit dem Fiskus fürchteten.

(Rund 70 Jahre später sollte sich eine andere Berliner Bande genau dieses Einbruchs erinnern und auf gleiche Weise in einer Bank in Berlin-Zehlendorf die Schließfächer reicher Mitbürger plündern. Auch bei diesem Raub erfährt niemand, wie viel die Bande tatsächlich erbeutet hat.)

Kriminalsekretär Fabich ist den beiden schon ebenso lange wie erfolglos auf der Spur. Dass für diesen Einbruch nur die Brüder Sass in Frage kommen, ist für ihn eindeutig. Die akribische Arbeitsweise ist für ihn ebenso beweiskräftig wie Fingerabdrücke, die aber kein Mensch in dem Tresor findet – wie übrigens an keinem Tatort der Sass-Brüder jemals Fingerabdrücke gefunden worden sind. Trotzdem, jetzt muss gehandelt werden. Im April werden Franz und Erich festgenommen, müssen aber bald wieder auf freien Fuss gesetzt werden, denn die Beweise für eine Anklageerhebung reichen einfach nicht aus.

Wenn das kein Grund zum Feiern ist. Die Sass-Brüder und ihr Anwalt laden ins noble „Lutter und Wegener" in Berlins Mitte am Gendarmenmarkt zur Pressekonferenz. Die großzügige Bewirtung der Pressevertreter lässt zumindest darauf schließen, dass die armen Jungs aus Moabit irgendwie inzwischen zu Geld gekommen waren. Im Grunde weiß das ganze Land, dass die Brüder die Diskonto-Bank ausgenommen hatten, nur beweisen kann es niemand. So herrscht denn auch eher Bewunderung als Ärger und Abscheu.

Trotzdem wäre der Fall doch noch beinahe aufgeklärt worden. Immer wieder hatte die Polizei die Wohnung in Moabit untersucht und nie etwas gefunden. Im Dezember 1929 entdeckt sie aber auf dem stillgelegten Teil des Luisenfriedhofes in Charlottenburg ein unterirdisches Versteck mit drei Räumen, das offensichtlich gerade zu einem größeren Stützpunkt ausgebaut werden sollte. Alles deutet auch hier auf die Brüder Sass hin. Wieder legt sich die Polizei auf die Lauer. Doch das Konzept der Sass-Brüder, die Überwacher am besten selbst zu überwachen, geht auch in diesem Falle auf. Franz, der unterwegs zu dem Versteck ist, entdeckt die observierenden Polizisten und kann fliehen. Erich, der jenseits der Friedhofsmauer gewartet hat, sprintet mit. Die beiden sind wieder schneller als ihre Gegner. Ziel der Sass-Brüder ist das Büro ihres Anwalts. Der verschafft ihnen gleich ein wasserdichtes Alibi, indem er behauptet, die Jungs seien den ganzen Abend bei ihm gewesen.

Nun machen sich die beiden rar. Offensichtlich hatten sie aus dem Diskonto-Bankraub so viel eingenommen, dass sie sich eigentlich nun gemütlich zur Ruhe setzen könnten. Tatsächlich schien dies auch der Fall zu sein, denn von weiteren Aktivitäten in Berlin ist von da ab nichts mehr bekannt. Wie sollte es nun weitergehen? Von Filmangeboten ist die Rede, von Büchern. Die beiden sind Berühmtheiten geworden, Popstars der späten 1920er.

Die späten 1920er sind allerdings auch eine Zeit der politischen Brüche. Die Weimarer Republik taumelt ihrem Ende entgegen, Weltwirtschaftskrise und Rekordarbeitslosigkeit beginnen, das Land zu radikalisieren. Die NSDAP steigt auf und Hitler verspricht nicht nur „die 30 Parteien aus dem Reichstag hinauszufegen“, er verspricht auch ein hartes Durchgreifen gegen das „Berufsverbrechertum“. Nun ist das ein durchaus dehnbarer Begriff, aber den schlauen und vorsichtigen Brüdern ist klar, dass sie sicher unter diese Kategorie fallen würden. Zudem stammen sie aus einer Ecke von Berlin, in der die Nazis nie etwas zu melden hatten. Dort beginnt nämlich „der rote Wedding". Außerdem grassiert in Deutschland inzwischen ein Witz, der Hitler und seine Konsorten sicher nicht milder stimmen dürfte: „Wie werden die größten deutschen Verbrecher buchstabiert? S A – S S". Franz und Erich Sass haben also allen Grund, eine Machtübernahme durch die Nazis zu fürchten.

Als es im Januar 1933 soweit ist, Adolf Hitler zum Reichskanzler ernannt wird, befinden die Sass-Brüder, dass ihnen der Boden in Deutschland langsam zu heiß wird und siedeln noch rechtzeitig nach Dänemark über. Dort muss ihnen dann doch irgendwie das Geld ausgegangen sein.

In Kopenhagen wird 1934 der Tresor in einer Zigarrenfabrik geöffnet. Der Bruch weist erstaunliche Ähnlichkeiten mit dem Einbruch in eine Bankfiliale auf. Und bald wird es Kriminalassistent Christian Bjerring klar, dass die berühmten Sass-Brüder aus Berlin nun auch in der dänischen Hauptstadt aktiv geworden sind. „Christian der Reizbare", so sein Spitzname, fühlt sich herausgefordert. Als er das Hotelzimmer der beiden durchsuchen lässt, wird er fündig. Dort lagern gefälschte Papiere, allerhand Devisen und schließlich auch Beweise, welche die Sass-Brüder mit den Einbrüchen in der Bank und in der Zigarrenfabrik in Verbindung bringen.

Franz und Erich Sass werden 1934 in Kopenhagen vor Gericht gestellt. Die Beweise sind erdrückend, das Urteil aber nicht gerade drakonisch. Vier Jahre sollen sie ins Gefängnis. Allerdings müssen sie diese vier Jahre auch voll absitzen. In dieser Zeit nimmt der reizbare Christian Kontakt mit seinem Kollegen Fabich in Berlin auf. Der lässt nun zum wiederholten Mal die

Wohnung in der Birkenstraße untersuchen. Diesmal reißen die Beamten sogar die Dielenbretter heraus – und nun wird auch endlich die Berliner Polizei fündig. Sie entdeckt umfangreiches Beweismaterial, von Werkzeugen bis zu Beutestücken aus verschiedenen Einbrüchen. Von dem Bruch in der Diskonto-Bank aber finden sie nichts.

Als die Zeit der Entlassung naht, gibt Bjerring Fabich erneut einen Tipp. Die Brüder werden nach ihrer Haftentlassung sofort nach Deutschland abgeschoben. Kaum haben sie das Reichsgebiet betreten, werden sie auch schon verhaftet. Der eine kommt ins Gefängnis Plötzensee, der andere ins Lehrter Gefängnis. Sie sind isoliert, sitzen zwei Jahre in Untersuchungshaft und sind am Ende nur noch psychische Wracks. Dann kommt es zur Verhandlung. Inzwischen ist die Gesetzeslage so, dass das Gericht den beiden Brüdern ihre einzelnen Taten gar nicht mehr nachzuweisen braucht. Eine Verurteilung aufgrund des berüchtigten Berufsverbrechertums reicht aus, um jahrelang hinter Gittern zu verschwinden – oder hinter Stacheldraht im KZ.

Am 14. März 1940 werden die Urteile verkündet. Franz wird zu 13 und Erich zu 11 Jahren Zuchthaus verurteilt. Doch die Nazis haben kein Interesse daran, die Sass-Brüder in ein Zuchthaus zu stecken. Knapp zwei Wochen nach dem Urteilsspruch werden sie ins Konzentrationslager Sachsenhausen überführt. Dort erwartet sie bereits Rudolf Höß, der später als Kommandant des Vernichtungslagers Auschwitz traurige Berühmtheit erlangen soll. Kaum sind die beiden angekommen, lässt Höß ein Erschießungskommando antreten, das er selbst befehligt. Die Nazis lassen daraufhin verlauten, die Brüder seien beim „Widerstand erschossen worden". Doch ins Sterbebuch hat Höß persönlich akribisch notiert: „Auf Befehl des Führers erschossen."

Hinterhof der Birkenstraße 57 in Moabit. Hier wuchsen die Gebrüder Sass auf. (Foto: Peter Ehrentraut)

Das KZ Sachsenhausen wurde von 1936 bis 1937 auf Befehl der Schutzstaffel der NSDAP (SS) von Häftlingen erbaut. Das Lager hatte eine Sonderstellung, die sich durch die Nähe zur Berliner Gestapozentrale in der Prinz-Albrecht-Straße ergab. Es diente auch der gezielten Ausbildung von SS-Wachmannschaften, die später in anderen Konzentrationslagern eingesetzt wurden.

Ca. 200.000 Häftlinge wurden ins „Musterlager" Sachsenhausen verschleppt, 60.000 davon nicht registriert, mehrere zehntausend ermordet.

Die Sowjetische Militäradministration (SMAD) nutzte das Areal ab August 1945 als Internierungslager (Speziallager Nr. 7, später Speziallager Nr. 1). Seit 1950 wurden die Baracken nicht mehr für Gefangene verwendet, im April 1961 wird die Mahn- und Gedenkstätte eingeweiht.

Eingang zum Häftlingslager des KZ Sachsenhausen

(Fotos: Peter Ehrentraut)

Detail eines rekonstruierten Todesstreifens des KZ Sachsenhausen

(Foto: Peter Ehrentraut)

Gebrüder Sass (mittig) und weitere Insassen des KZ *(Foto: Peter Ehrentraut)*

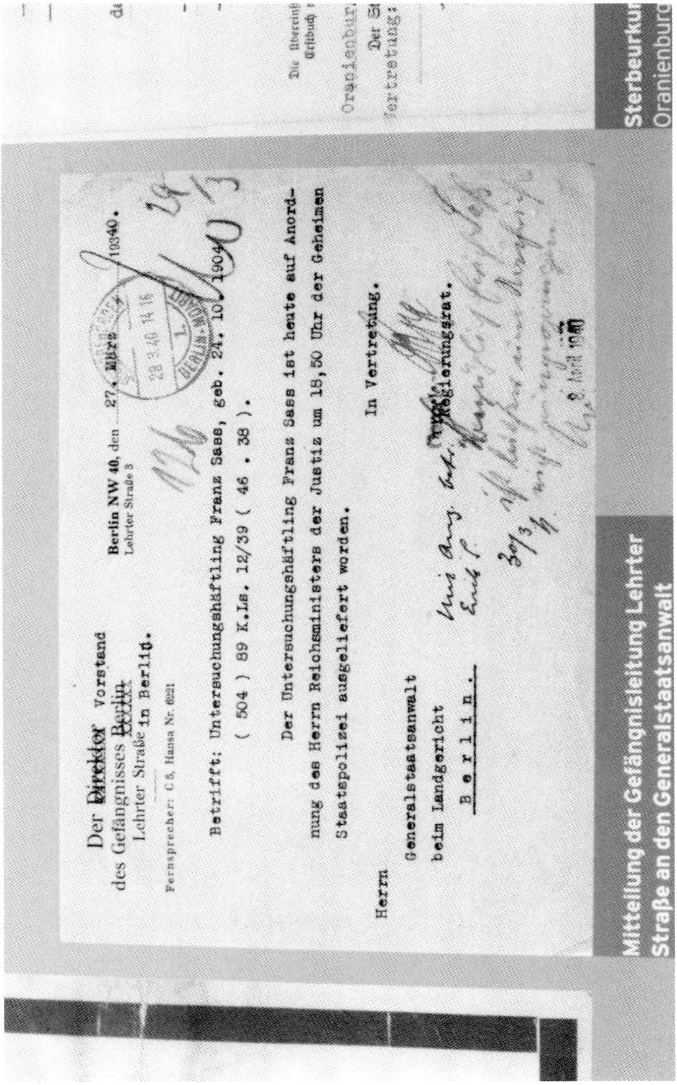

Der Direktor Vorstand
des Gefängnisses Berlin
Lehrter Straße in Berlin.

Fernsprecher: C 5, Hansa Nr. 6221

Berlin NW 40, den 27. März 1940.
Lehrter Straße 3

Betrifft: Untersuchungshäftling Franz Sass, geb. 24. 10. 1904
(504) 89 K.Ls. 12/39 (46 . 38).

Der Untersuchungshäftling Franz Sass ist heute auf Anordnung des Herrn Reichsministers der Justiz um 18,50 Uhr der Geheimen Staatspolizei ausgeliefert worden.

In Vertretung.

Regierungsrat.

Herrn
Generalstaatsanwalt
beim Landgericht
Berlin.

Überstellungsbescheid des Frank Sass an die Gestapo vom 27.03.1940 (*Foto: Peter Ehrentraut*)

Erschießungsgraben und Kugelfang im KZ Sachsenhausen

(Foto: Peter Ehrentraut)

„Zwei Tage nach der Verurteilung ließ der RFSS (Reichsführer SS), aufgrund seiner Sonderbevollmächtigung, die beiden (Gebrüder Sass) aus dem Untersuchungsgefängnis abholen und zur Erschießung nach Sachsenhausen bringen. Sie sollten ohne Frist sofort erschossen werden. Im Wagen wurden sie bis an die Sandgrube des Industriehofes gefahren. Die Beamten, die sie brachten, sagten, dass sie unterwegs sich ziemlich frech und herausfordernd benommen hätten und wissen wollten, wohin sie denn kämen. An der Exekutionsstelle angekommen, las ich ihnen den Erschießungsbefehl vor. Sofort begannen sie zu lärmen: ‚Das gibt es ja gar nicht, wie kommt ihr dazu? Wir wollen erst einen Pfaffen haben', u.a. mehr. Sie wollten sich absolut nicht an den Pfahl stellen, und ich musste sie festbinden lassen. Mit aller Gewalt wehrten sie sich dagegen. Ich war heilfroh, als ich den Feuerbefehl geben konnte."

Quelle: Rudolf Höß, in seinen autobiografischen Aufzeichnungen 1946-47

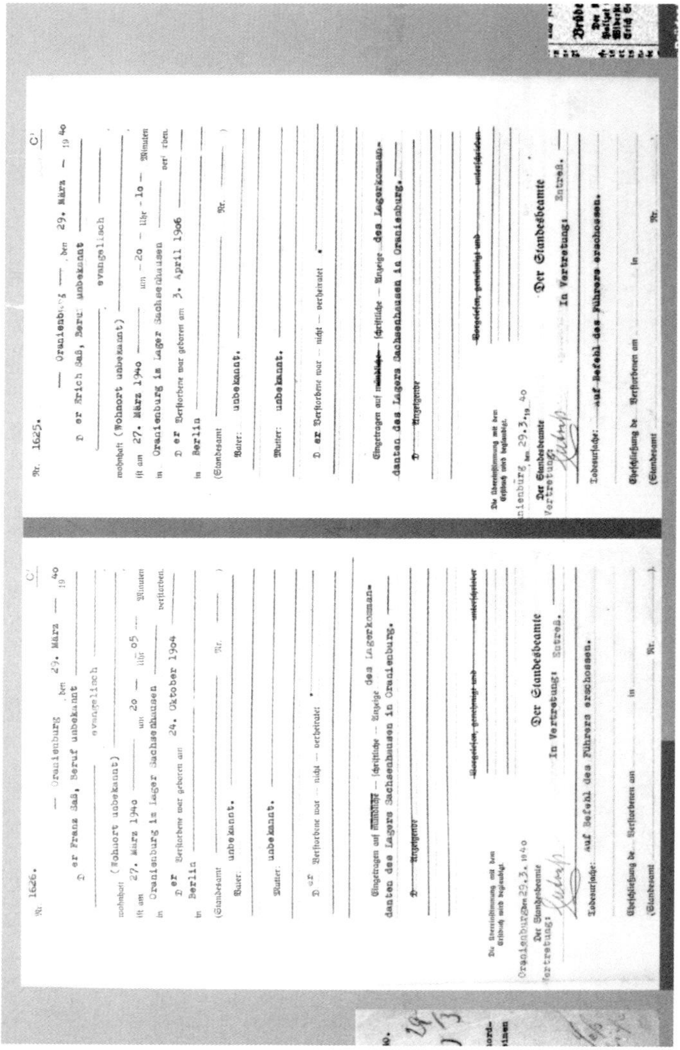

Nr. 1625. C

Oranienburg, den 29. März 1940

Der Erich Saß, Beruf unbekannt

evangelisch

wohnhaft (Wohnort unbekannt)

ist am 27. März 1940 um 20 Uhr 10 Minuten

in Oranienburg im Lager Sachsenhausen verstorben.

Der Verstorbene war geboren am 3. April 1906

in Berlin

(Standesamt Nr.)

Vater: unbekannt.

Mutter: unbekannt.

Der Verstorbene war nicht verheiratet.

Eingetragen auf ~~mündliche~~ schriftliche Anzeige des Lagerkommandanten des Lagers Sachsenhausen in Oranienburg.

~~Der Anzeigende~~

~~Vorgelesen, genehmigt und unterschrieben~~

Der Standesbeamte

In Vertretung: Entreß.

Die Übereinstimmung mit dem Erstbuch wird beglaubigt.

Oranienburg, den 29.3.1940

Der Standesbeamte

In Vertretung:

Todesursache: auf Befehl des Führers erschossen.

Eheschließung de Verstorbenen am in Nr.

(Standesamt Nr.)

Nr. 1626. C

Oranienburg, den 29. März 1940

Der Franz Saß, Beruf unbekannt

evangelisch

wohnhaft (Wohnort unbekannt)

ist am 27. März 1940 um 20 Uhr 05 Minuten

in Oranienburg im Lager Sachsenhausen verstorben.

Der Verstorbene war geboren am 24. Oktober 1904

in Berlin

(Standesamt Nr.)

Vater: unbekannt.

Mutter: unbekannt.

Der Verstorbene war nicht verheiratet.

Eingetragen auf ~~mündliche~~ schriftliche Anzeige des Lagerkommandanten des Lagers Sachsenhausen in Oranienburg.

~~Der Anzeigende~~

~~Vorgelesen, genehmigt und unterschrieben~~

Der Standesbeamte

In Vertretung: Entreß.

Die Übereinstimmung mit dem Erstbuch wird beglaubigt.

Oranienburg, den 29.3.1940

Der Standesbeamte

In Vertretung:

Todesursache: auf Befehl des Führers erschossen.

Eheschließung de Verstorbenen am in Nr.

(Standesamt Nr.)

Totenscheine der Gebrüder Sass, ausgestellt zwei Tage nach deren Exekution *(Foto: Peter Ehrentraut)*

Überreste der „Station Z" im KZ Sachsenhausen. Den Namen „Station Z" erhielt dieser Ort, weil er die letzte Station eines Häftlings war. *(Foto: Peter Ehrentraut)*

„Ehrlichkeit", Zeichnung eines KZ-Häftlings (Foto: Peter Ehrentraut)

Rekonstruktion von KZ-Baracken, in denen die Häftlinge untergebracht waren (Foto: Peter Ehrentraut)

„Opfersinn", Zeichnung eines KZ-Häftlings (Fotos: Peter Ehrentraut)

DER BRAUNE MÄRTYRER

von Peter S. Kaspar

Die wilden Zwanzigerjahre gehen zu Ende und in Berlin enden sie nicht gut. Die Weltwirtschaftskrise hat die Stadt im Griff, eine Stadt, die inzwischen von roten und braunen Schlägertrupps beherrscht wird. Die Grenzen sind manchmal fließend. Der eine Arbeiter landet im braunen, der andere im roten Hemd. Ob es in diesen Tagen einen großen Unterschied macht? Ob nun die SA der NSDAP auf der einen oder der Rotfrontkämpferbund der KPD auf der anderen Seite, spielt in diesen Tagen keine große Rolle. Saalschlachten sind an der Tagesordnung, Rollkommandos überfallen Veranstaltungen oder Einrichtungen des politischen Gegners. Prügeleien sind normal, Mord kommt oft vor.

Unter den SA-Führern tut sich ein junger Mann hervor, der sich mit glühender Begeisterung für die Sache einsetzt. Sein Name ist Horst Wessel. Als Sohn eines deutschnationalistischen evangelischen Pastors wird er 1907 in Bielefeld geboren. Die Familie zieht bald in die Hauptstadt. Dort predigt Dr. Wilhelm Ludwig Wessel seit 1913 in der Nikolaikirche. Er predigt vom Vaterland und vom Kaisertum. Auch nach dem verlorenen Ersten Weltkrieg bleibt der Pastor kaisertreu.

Der Sohn übernimmt die Einstellungen des Vaters – mit einer Ausnahme. Der Kaiser ist ihm egal. Der junge Horst engagiert sich in der Bismarck-Jugend, die ist deutschnational, dann in der Wiking-Jugend, die ist härter. Äußerlich wirkt er weich, zart, fast zerbrechlich. Auch schreibt er Gedichte und Lieder. Aber trotzdem schließt er sich einer schlagenden Studentenverbindung an. Er schlägt sich für die Normannia Berlin und die Alemannia Wien. Vier Jahre lang studiert er Jura. Bereits zuvor ist er auf der Suche nach einer deutschnationalen Heimat in den Hafen der NSDAP eingelaufen. Er engagiert sich, macht schnell Karriere und ist mit 22 schon SA-Sturmführer. Das entspricht etwa dem Rang eines Hauptmanns. Doch er führt den SA-Sturm 5 in Berlin an. Das heißt, er befehligt eine Truppe in Berlin-Friedrichshain, in einer kommunistischen Hochburg. Friedrichshain ist in den Zwanzigerjahren aber noch mehr. Der Stadtteil gilt als das „Chicago Berlins“. Hier ist das Sammelbecken der schweren Jungs und leichten Mädchen, von Totschlägern und Taschendieben, von Betrügern, Hochstaplern, Hehlern und Schwarzhändlern. Es ist die Hochburg der Ringvereine, die alles organisieren und dabei tatkräftig von der KPD unterstützt werden. Verbrechen und Proletariat – in Friedrichshain gehört das in jenen Jahren irgendwie zusammen.

Immer mehr geht Horst Wessel in seiner Mission auf. Er schmeißt das Studium, wird Hilfsarbeiter, schuftet beim Berliner U-Bahnbau. Eigentlich ist er nun auch ein Arbeiter, ein Malocher. Doch der, der neben ihm Sand schippt, ist vielleicht sein Todfeind.

1929 erscheint im „Angriff“, der Berliner Parteizeitung der NSDAP, der Text eines Liedes, das mit den Zeilen beginnt: „Die Fahnen hoch, die Reihen dicht geschlossen“. Die Worte stammen von Horst Wessel und sie fallen dem Chefredakteur des „Angriff“ auf. Es handelt sich um Joseph Goebbels.

Eigentlich müsste dieses in Berlin so schwere Jahr für den jungen Horst Wessel ein Triumphjahr sein. Doch da gibt es einiges, was seine Freude sehr einschränkt. Sein Bruder ist bei einem SA-Ausflug ins Riesengebirge tödlich verunglückt. Horst Wessel ist tief schockiert und wird depressiv. Er, der sich bislang so aufopferungsvoll für die Bewegung engagierte, zieht sich nun fast völlig raus.

In der Nähe des Alexanderplatzes hat ein neues Café aufgemacht. Café Mexiko heißt es. Es ist im Blockhausstil errichtet. Dort findet man Horst Wessel jetzt öfter. Café, das klingt irgendwie vornehm, das klingt nach Café Kranzler. Die Wirklichkeit im Café Mexiko ist meilenweit davon entfernt. Das Publikum besteht aus Taschendieben, Hehlern, Betrügern, Prostituierten, aber auch aus ganz normalen Arbeitern, die sich nie etwas zuschulden haben kommen lassen. Trotzdem, im „Mexiko" trifft sich der Bodensatz des Berliner Stadtzentrums. Immerhin, das „Mexiko" ist nicht weit weg von seiner neuen Wohnung in der Großen Frankfurter Straße (der heutigen Karl-Marx-Allee). Er hat sich dort bei der jungen Witwe Elisabeth Salm eingemietet. Kurz nach dem Tod ihres Mannes, eines Rotfrontkämpfers, wollte sie eigentlich weg aus Berlin, die Wohnung aber behalten. Da lag es nahe, zu vermieten.

Horst Wessel hat inzwischen im Café Mexiko eine junge Frau kennengelernt. Sie heißt Erna Jaenichen und verdiente ihr Geld bislang im horizontalen Gewerbe. Doch, so wird sie später aussagen, damit sei es vorbei gewesen, als sie ihren Horst kennen- und lieben lernte.

Mit der Liebe ist es zunächst nicht so ganz einfach. Unvermutet kehrt die verwitwete Hutmacherin in ihre Wohnung zurück und findet dort statt einem nun zwei Bewohner vor. Das missfällt ihr sehr. Sie verlangt einen höheren Mietzins, weil jetzt zwei Personen in ihrer Wohnung wohnten. Horst Wessel ist verstimmt. Er hatte die Wohnung auf die Zusage hin bezogen, dass die Vermieterin ihrerseits auszieht. Doch Elisabeth Salm erfuhr dann, dass sie die Wohnung verlieren würde, wenn sie längere Zeit abwesend wäre. Man versucht, sich so gut wie es nun eben geht, miteinander zu arrangieren. Lange geht das nicht gut. Einerseits tauchen oft mitten in der Nacht oder zur frühen Morgenstunde SA-Leute bei Wessel auf. Dann wird laut palavert, diskutiert und geplant. Andererseits klappt das mit der Miete nicht richtig. Elisabeth Salm sucht sich eine Anwältin. Hilde Benjamin übernimmt den Fall. Es handelt sich um die spätere Justizministerin der DDR, die als „Blutige Hilde" in die Geschichte eingehen wird.

Doch ehe die Justiz einschreiten kann, überschlagen sich die Ereignisse. Es ist gegen zwei Uhr am Nachmittag des 14. Januar 1930. Wieder ärgert sich Elisabeth Salms, dass Erna Jaenichens Mietanteil für Januar noch nicht bezahlt ist. Nun gibt ein Wort das andere. Elisabeth Salms droht, Erna Jaenichen einfach abzumelden. Wessel kontert, dass sie das gar nicht könne. Die Atmosphäre wird immer vergifteter. Schließlich greift sie zum Telefon und ruft bei der Polizei an. Doch die macht ihr unmissverständlich klar, dass sie für solche Lappalien keinen Sinn und keine Zeit hat. Die Ordnungshüter sind mit weit Wichtigerem befasst. Noch einmal spricht Elisabeth Salm, wie sie selbst berichtet, in ruhiger Weise mit Wessel. Der habe dann immerhin noch ausstehendes Wassergeld in Höhe von zwei Mark pro Tag bezahlt und sich auch damit einverstanden erklärt, zum 1. Februar mit seiner Freundin auszuziehen. Doch so ruhig, wie sie behauptet, kann sie an diesem Tage nicht gewesen sein. Wütend besteht sie auf einen sofortigen Auszug der beiden, Horst Wessel und Erna Jaenichen weigern sich.

Am Abend verlässt Elisabeth Salm die Wohnung, sie sucht Unterstützung bei ihrer Schwiegermutter Anna Salm, die am Prenzlauer Berg wohnt. Die hat einen Rat für sie. Sie erinnert ihre Schwiegertochter daran, dass ihr Untermieter ein Nazi sei und dass Elisabeths Gatte immerhin ein Rotfrontkämpfer war. Elisabeth Salm beginnt zu verstehen. Die beiden Frauen gehen zusammen in die Gaststätte Baer in der Dragonerstraße (heute Max-Beer-Straße). Das „Baer" ist ein typischer Kommunisten-Treffpunkt, eine klassische Arbeiterkneipe in Berlin-Mitte. Es ist vor allem aber auch das Hauptquartier der „Zweiten Bereitschaft der kommunistischen Sturmabteilung Berlin-Mitte", einer Nachfolgeorganisation des mittlerweile verbotenen Rotfrontkämpferbundes.

Doch als die beiden Frauen dort ankommen und Elisabeth Salm ihr Leid geklagt hat, erntet sie lediglich Desinteresse und Schulterzucken. Sie hat kein besonders gutes Ansehen bei den früheren Genossen ihres Mannes. Sie selbst hat sich nicht besonders für die Sache engagiert, doch was viel schlimmer ist – und was ihr die Genossen nicht verzeihen können: Als ihr Mann Josef im Vorjahr an Tuberkulose gestorben war, hat sie ihn mit allen christlichen Ehren beerdigt, anstatt ihm ein angemessenes kommunistisches Begräbnis zukommen zu lassen. Und nun hat die Frau die Stirn, hierher zu kommen und sie um Hilfe wegen ihres störrischen Untermieters zu bitten. Die Frau hat Nerven. Elisabeth Salm beschreibt, was in ihrer Wohnung vorgefallen sein soll. Sie behauptet, ihr Untermieter würde sie mit der Pistole bedrohen, wenn sie die Miete einfordern wolle und außerdem würden die beiden jede Nacht betrunken nach Hause kommen. Die Rotfrontkämpfer sind genervt. Sie haben Besseres zu tun. Es ist noch keine zwei Stunden her, da haben die Nazis dem 17-jährigen Genossen Camillo Ross in den Rücken geschossen. Der Junge ist tot. Das schreit natürlich nach Vergeltung. Dem braunen Mob darf man diesen Mord nicht durchgehen lassen.

Doch die Salm quatscht und quatscht. Plötzlich stutzt einer, fragt nach: „Wie heißt dein Untermieter? Wessel? Horst Wessel? Der Arbeitermörder Horst Wessel? Der Nazi-Häuptling vom Alex?“ Jetzt sind sie plötzlich alle wie elektrisiert. Gut möglich, dass dieses Schwein den Mord an dem armen Camillo angeordnet hat, dieser blutige Kommunistenfresser, mutmaßt der eine oder andere. Man weiß es nicht. Aber eigentlich ist das egal. Der Wessel hat jetzt sowieso eine Abreibung verdient, schon deshalb, weil er die Witwe des Genossen Salm mit der Waffe bedroht hat. Das lassen sie gar nicht erst einreißen.

Mindestens sechs Personen, die später polizeilich ermittelt werden, machen sich auf den Weg in die Große Frankfurter Straße. Wahrscheinlich sind es aber mehr. Und die Gruppe wird noch größer. Auf dem Weg schließen sich ihnen noch zwei weitere Männer an, darunter Albrecht Höhler, genannt Ali. Jemanden wie Ali sollte man dabei haben. Er ist groß, er ist stark, er ist Zuhälter, er ist Schläger und er ist ein guter Kommunist – der immer eine Parabellum 08 mit sich trägt. Das ist schon gut zu wissen. Wenn der Wessel seine Vermieterin mit der Pistole bedroht, dann sollte wenigstens einer in der Gruppe ebenfalls bewaffnet sein. Ali Höhler ist darüber hinaus auch Mitglied im Spar- und Geselligkeitsverein „Immertreu". Es handelt sich dabei um einen jener berüchtigten Ringvereine, durch die in den 1920er Jahren in Berlin mafiöse Strukturen aufgebaut worden waren. Vor allem im Zuhältermilieu spielten Ringvereine eine nicht unbedeutende Rolle. „Immertreu" ist einer der größten und der vielleicht bedeutendste Ringverein. Ein Jahr später wird Fritz Lang für seinen Film „M – Eine Stadt sucht einen Mörder", Muskel-Adolf, den Vorsitzenden von „Immertreu", zu seinem Berater machen.

Der kleine Menschenumzug kommt in der Großen Frankfurter Straße an. Erst wird noch einmal geplant und palavert. Elisabeth Salm erklärt, dass Wessel zwei Pistolen und einen Gummiknüppel besitze. Also ist Vorsicht geboten. Zunächst schauen die Frauen Salm und Else Cohn aus dem „Baer" nach, ob Wessel überhaupt noch da ist. Er ist noch da. Und seine Freundin Erna das Flittchen auch. Unten an der Haustür stehen drei Leute Wache, einer an der Wohnungstür im dritten Stock. Die Frauen gehen in die Küche. Elisabeth Salm läutet eine Kuhglocke. Das ist für ihren Untermieter stets das Zeichen, dass er Besuch bekommen hat. Es ist das letzte Mal, dass sie für Horst Wessel die Kuhglocke läutet. Als er nämlich die Türe öffnet, steht Ali Höhler vor ihm. Was nun passiert, darüber gibt es unterschiedliche Aussagen. Ali Höhler wird zu Protokoll geben, dass Wessel eine Bewegung gemacht habe, als ob er zu einer Waffe greifen würde. Daher habe er sofort geschossen. Demnach müsste Wessel mit einem Überfall gerechnet haben. Er erwartet allerdings tatsächlich Besuch von einem SA-Kameraden. Dessen Verlobte, Klara Rehfeld, wartet bereits in Wessels Zimmer auf ihn. Sie wird

Zeugin des Mordes: „Da die Tür etwas hängt, öffnete Wessel die Tür, um nachzusehen, was da los sei. In diesem Moment fiel von draußen ein Schuss und traf Wessel direkt ins Gesicht... Wessel schlug sofort auf den Boden hin und mit dem Hinterkopf auf die Ofentür."

Höhler hat Wessel in den Mund geschossen, doch Wessel lebt. Die Kugel hat zwar seine Vorderzähne zerstört, den Gaumen zerrissen, das Zäpfchen zerfetzt, ist aber nicht in das Rückenmark eingedrungen – sonst wäre Wessel bereits tot. Ein halber Zentimeter fehlte. Höhler stößt den Schwerverletzten mit dem Fuß an. Er wisse wohl, wofür er die Abreibung erhalten habe. Die Frauen im Zimmer werden von Höhler mit der Pistole bedroht. Er befiehlt ihnen, keinen Mucks von sich zu geben. Inzwischen wird die Wohnung durchsucht. Sie finden eine Pistole und den Gummiknüppel. Dann verschwindet die Gruppe wieder. Jetzt muss schnell Hilfe her. Inzwischen ist Wessels SA-Kamerad Fiedler eingetroffen, auf den er an diesem Abend gewartet hatte. Wessel braucht dringend ärztliche Hilfe. Im Haus wohnt ein jüdischer Arzt. Doch Fiedler lehnt das ab. Kein jüdischer Arzt wird sich an einem SA-Führer vergreifen! Die Zeit drängt. Wessel geht es schlecht. Inzwischen wird die Polizei alarmiert und natürlich auch die Zentrale der NSDAP. Auch die kommunistische Parteizentrale erfährt bald von dem Überfall. Dort ist man über die Eigenmächtigkeit entsetzt. Vor allem Ali Höhler trifft der Bannstrahl der Partei.

Die polizeilichen Ermittlungen haben noch nicht einmal richtig begonnen, da laufen auf beiden Seiten bereits die Propagandamaschinen auf Hochtouren. Jeder versucht, den Anschlag auf Horst Wessel für sich propagandistisch zu nutzen. Die KPD distanziert sich von Tat und Täter. Die Version, die sie in die Welt setzt: Das war eine Auseinandersetzung im Rotlichtmilieu. Höhler sei der Zuhälter von Erna Jaenichen gewesen. Die habe den Zuhälter gewechselt und sei nun für Horst Wessel anschaffen gegangen. Mit Politik habe dieser Anschlag rein gar nichts zu tun. Doch warum lässt die KPD Höhler so schnell fallen? Die Begründung ist einfach: Höhler hat ein Tabu gebrochen. Schlägereien, Mord auf offener Straße, das lassen die Spielregeln alles zu. Doch noch nie ist ein hoher Führer einer Kampforganisation in seinen eigenen vier Wänden angegriffen worden. Das ist ein ungeschriebenes Gesetz, an das sich sowohl Nazis als auch Kommunisten bisher gehalten haben. Die unterschiedlichen Milieus sind so eng beisammen, die Übergänge zum Teil so fließend, dass alles im Chaos versinken würde, wenn es diese „geschützte Zone" nicht gäbe. Das hatten bislang alle Seiten akzeptiert.

Während bei den Kommunisten Ärger und Beunruhigung über diesen Anschlag herrschen, ist vor allem der Berliner Gauleiter der NSDAP von einer gewissen Heiterkeit beseelt. Joseph Goebbels besucht sogleich den Schwerverletzten im Krankenhaus am Volkspark Friedrichshain. Horst Wessel ist nicht ansprechbar. Der spätere Reichspropagandaminister schaut nur wenige Minuten stumm in sein Zimmer. Dieser zerschossene, vom Tode gezeichnete Mann, der nie wieder wird sprechen können, kann der Bewegung des Nationalsozialismus noch ungemein wertvoll sein. Schade, dass er noch lebt.

Die Polizei, die sich mit der Lappalie eines Streits zwischen Mieterin und Untermieter nicht abgeben wollte, hat nun einen Mordversuch aufzuklären. Immerhin weiß man bald, wer geschossen hat. Erna Jaenichen hat ihn wiedererkannt. Ob er wirklich einmal ihr Zuhälter war? Man weiß es nicht. Die Kommunisten sind davon überzeugt. Erna Jaenichen behauptet, sie habe ihn nur flüchtig gekannt.

Jedenfalls wird Höhler ab dem 17. Januar 1930 steckbrieflich gesucht. Doch Höhler setzt sich schnell nach Prag ab, kehrt aber wieder zurück. Ihm wird der Prozess gemacht.

Im Krankenhaus scheint sich der Zustand von Horst Wessel langsam zu stabilisieren. Doch dann treten Komplikationen auf. Die Schusswunde im Kopf entzündet sich, es kommt zur Blutvergiftung, multiples Organversagen, am 23. Februar 1930 stirbt Horst Wessel. Aussagen konnte er nicht mehr, essen konnte er ebenfalls nichts mehr, er war letztlich immer schwächer geworden und die Infektion hatte ihr übriges getan.

Goebbels atmet auf. Natürlich war Wessel auch als lebendes Opfer schon ganz nett gewesen. Jetzt aber eröffnen sich ungeahnte Möglichkeiten. Hatte Wessel da nicht so ein nettes Liedchen geschrieben? Das Liedchen wird zur offiziellen Parteihymne der NSDAP. Bald avanciert es sogar zur zweiten Nationalhymne. Nach dem Deutschlandlied wird stets das „Horst-Wessel-Lied" gesungen. Die Verklärung von Horst Wessel, der nun zum obersten braunen Märtyrer aufsteigt, nimmt nahezu groteske Formen an. Die „Gorch Fock" bekommt ein Schwesterschiff, das nach Horst Wessel benannt wird (heute heißt es „Eagle" und ist das Segelschulschiff der US-amerikanischen Küstenwache). Nach der Machtergreifung wird Friedrichshain in „Horst-Wessel-Stadt" umbenannt, das Krankenhaus am Friedrichshain in „Horst-Wessel-Krankenhaus". Der Bülowplatz wird zum „Horst-Wessel-Platz". In ganz Deutschland gibt es bald einen Wettlauf, wer nun welche Straße nach dem SA-Märtyrer benennen soll. In Eiderstadt wird ein neuer Koog nach Wessel benannt. Natürlich wird der Tod Wessels auch künstlerisch aufgearbeitet. Ein Roman erscheint. Schließlich wird auch ein Film über den SA-Offizier gedreht, der allerdings einen geringfügig anderen Namen erhält. Jeder weiß natürlich, wer gemeint ist.

Doch noch lange bevor die Nazis die Macht übernehmen, kommt es zu einem Prozess, bei dem die Beteiligten verurteilt werden. Da Ali Höhler aus Prag zurückgekommen war und festgenommen werden konnte, hat man den Hauptverdächtigen auf der Anklagebank. Die entscheidende Frage: Kann ihm die Anklage einen Mord nachweisen oder war es, wie Höhler behauptet, Notwehr? Höhler beteuert, dass er Wessel nicht umbringen wollte. Man habe ihn nur entwaffnen und ihm eine Abreibung verpassen wollen. Die Frage nach dem Vorsatz – entscheidend für die Anklage auf Mord – kann nicht geklärt werden. Das Gericht verurteilt Ali Höhler wegen Totschlags zu sechs Jahren Zuchthaus. Die Haft soll er im schlesischen Wohlau antreten. Knapp zweieinhalb Jahre sitzt er dort ein, da ergreift Hitler die Macht in Deutschland. Aus Horst Wessel ist inzwischen eine Nazi-Ikone geworden. Goebbels propagiert ihn als Helden und als Vorbild für die Jugend. Dass sein Mörder noch lebt, passt überhaupt nicht in die Vorstellungswelt der Nazis. Die Verurteilung wegen Totschlags ist in ihren Augen kein Fehlurteil, sondern ein glatter Justizskandal.

Am 11. August 1933 wird Ali Höhler vom Zuchthaus in Wohlau abgeholt – von der Gestapo. Er wird nach Berlin gebracht, ins Gefängnis der Geheimen Staatspolizei. Dort wird er tagelang verhört. Doch dann gibt es eine Überraschung. Ali Höhler habe darum gebeten, zurück nach Wohlau gebracht zu werden. So lautet zumindest die offizielle Version. Noch verblüffender: Die Gestapo stimmt zu. Am 26. September wird er zurückgebracht. Laut dem offiziellen Untersuchungsbericht wird der Wagen kurz vor Frankfurt an der Oder von acht Unbekannten gestoppt. Sie tragen alle SA-Mützen, Militärmäntel, aber keine Rangabzeichnen. Sie durchsuchen den Wagen und zerren Ali Höhler heraus. Dann verschwinden sie mit ihrem Opfer.

Monate später findet ein Förster in der Nähe von Freienwalde eine Leiche. Sie ist mit Kugeln durchsiebt. Es handelt sich um die sterblichen Überreste von Ali Höhler.

Erst nach dem Zweiten Weltkrieg sollte so langsam die Wahrheit ans Licht kommen. Tatsächlich war der Mord an Ali Höhler minutiös geplant worden. Die Anweisung dazu sei vom Berliner SA-Führer Karl Ernst gekommen, der wiederum beruft sich auf den SA-Reichsführer Ernst Röhm und Röhm handelte angeblich auf direkten Befehl des Führers Adolf Hitler.

Doch Ali Höhler ist nicht der Erste, an dem sich die Nazis für Wessels Tod rächen. Schon im Mai 1933 haben Pilzsammler eine weibliche Leiche gefunden, die mit zahlreichen Schüssen durchsiebt war. Es handelt sich dabei um Else Cohn, die sich damals aus der Gaststätte „Baer" dem Zug in die Große Frankfurter Straße angeschlossen hatte. Während im Fall Höhler die Verantwortlichen im Lauf der Jahre ermittelt werden konnten – ohne dass sie deshalb je zur Rechenschaft gezogen wurden – weiß niemand, wer Else Cohn getötet hat. Die Handschrift spricht eindeutig für die SA. Eine örtliche Zeitung hat die Umstände ihres Todes so minutiös nachgezeichnet, dass es fast scheint, als habe da jemand dem zuständigen Redakteur die Feder geführt. Der Hintergrund ist klar. Es ist eine Warnung an alle Gegner des Naziregimes. Die Botschaft: Wir kriegen alle.

Um den Tod von Horst Wessel haben sich allerlei Legenden und Verschwörungstheorien gewunden. Eine davon besagt, dass er sogar von den eigenen Leuten beseitigt worden sei, weil er der SA den Rücken kehren wollte und – was noch bedeutend schlimmer war – sich von seiner Braut, einer ehemaligen Prostituierten, nicht trennen wollte.

Doch das alles änderte nichts an dem beträchtlichen Personenkult, der einige Jahre um den 22-jährigen Ex-Jurastudenten getrieben wurde. Erst 1934 ließ der Kult merklich nach. In der sogenannten „Nacht der langen Messer" beseitigte Hitler die komplette Führungsspitze der SA. Er reagierte damit auf den angeblichen Röhm-Putsch. Der Stabschef der SA habe die SA und die Reichswehr zu seinem NS-Volksheer verschmelzen wollen, über das er die alleinige Macht gehabt hätte. Zudem wurde Röhm seine Homosexualität vorgeworfen, die jedoch in den Führungszirkeln der NSDAP seit Jahren ein offenes Geheimnis war.

Mit diesem sogenannten Enthauptungsschlag verlor die SA schlagartig an Bedeutung. Jahrelang war sie die militante und militärische Speerspitze der Partei gewesen. Diese Rolle übernahm nun Himmlers SS.

Das Horst-Wessel-Lied blieb noch immer Parteihymne und zweite Nationalhymne. Doch die Gedenkfeiern und Ehrungen für den jungen SA-Mann wurden immer seltener.

Es ist eine Ironie der Geschichte, dass der Mann, der die Zeilen schrieb „Kameraden, die von Rotfront... erschossen..." tatsächlich von einem Rotfrontkämpfer erschossen wurde – dass es aber bei diesem Streit nicht um die große Politik, sondern nur um einen Mietrückstand ging.

DIE TODESLISTE DER ORGANISATION CONSUL

von Dr. Gernot Volger

Berlin-Grunewald, 24. Juni 1922, 10.50 Uhr. Das eher kleine Kabriolett mit offenem Verdeck verlässt das Haus Koenigsallee 65 in Richtung Berlin-Mitte. Im Fond des von einem Chauffeur gesteuerten Wagens sitzt ein gut gekleideter vornehmer Herr. Bereits kurz nach der Abfahrt, noch bevor der Wagen den Kurfürstendamm erreicht, überholt ein ebenfalls offener, leistungsstarker sechssitziger Mercedes mit einem Fahrer und zwei Insassen im Fond das erste Fahrzeug. Alle drei tragen Fliegerkappen. Die beiden Passagiere im Fond tragen zudem neue lange Ledermäntel. Als sich beide Wagen auf gleicher Höhe befinden, steht der links hinten Sitzende auf, dreht sich etwas seitwärts nach rechts und feuert aus einer Maschinenpistole auf den vornehmen Herrn. Nach einigen Feuerstößen, der Herr ist bereits zusammengesunken, erhebt sich der andere Mitfahrer, zieht eine Eierhandgrate ab und wirft sie in den Wagen.

Bei dem Getöteten handelt es sich um Walther Rathenau, damaliger Außenminister der deutschen Republik. Rathenau war ein Großkapitalist, der zwischen 1907 und 1922 Aufsichtsratsposten bei 80 in- und ausländischen Unternehmen bekleidete. Er war Ingenieur, Wissenschaftler und Schöngeist, Intellektueller von europäischem Rang, Erfolgsautor, Realpolitiker, Maler, vielseitig, weltgewandt und faszinierend. Und er war Jude. Zwar war er dem Judentum nicht im religiösen Sinne verbunden, doch eine christliche Taufe, für viele Juden im 19. und frühen 20. Jahrhundert die Eintrittskarte in die Gesellschaft, lehnte er als Opportunismus ab. Trotz formaler und rechtlicher Gleichstellung blieben Juden im Kaiserreich Bürger zweiter Klasse. Der von Rathenau heiß begehrte Titel „Reserveoffizier", der Ausweis zur

24. Juni 1922, Koenigsallee, Grunewald. An der Ecke Erdener Straße fällt Walther Rathenau einem Attentat zum Opfer.

(Fotos: Peter Ehrentraut)

DIE LIBERAL—DEMOKRATISCHE PARTEI DEUTSCHLANDS
DEM ANDENKEN AN
WALTHER RATHENAU
REICHSAUSSENMINISTER DER DEUTSCHEN REPUBLIK
ER FIEL AN DIESER STELLE DURCH MÖRDERHAND
AM 24. JUNI 1922
DIE GESUNDHEIT EINES VOLKES KOMMT
NUR AUS SEINEM INNEREN LEBEN — AUS DEM
LEBEN SEINER SEELE UND SEINES GEISTES
OKTOBER 1946

Rathenaus Villa in der Koenigsallee Nummer 65. Rathenau war ein ausgezeichneter Maler. Die Villa hatte er selbst entworfen, bis in die Einzelheiten bestimmt und vielfach mit eigener Hand bei der Entstehung mitgewirkt. Die Schlichtheit und kühle Eleganz des preußischen Klassizismus der Zeit um 1800 war für Walther Rathenau stets ein Vorbild. *(Foto: Peter Ehrentraut)*

Akzeptanz durch die vom preußischen Adel beherrschte und militaristisch geprägte Gesellschaft, blieb ihm als Juden trotz abgeleistetem Militärdienst in einem Eliteregiment verwehrt. Seine jüdische Herkunft hatte man ihn sein Leben lang spüren lassen. Obwohl in das Großbürgertum der Berliner Gesellschaft hineingeboren, blieb er in der antisemitisch durchtränkten Gesellschaft des Kaiserreichs und der Weimarer Republik stets ein von der Gesellschaft Ausgegrenzter. Dabei war Rathenau, wie viele Juden seiner Zeit, deren Religion die deutsche Kultur geworden war, ein glühender Patriot. Als 1914 der Krieg entfesselt wurde, war Deutschland als rohstoffarmes Land von Importen aller Art abhängig, da das Militär sämtliche wirtschaftliche Fragen der Kriegsführung vernachlässigt hatte. Binnen weniger Tage schuf Rathenau im Kriegsministerium eine Rohstoffabteilung, deren ehrenamtlicher Leiter er wurde. Aufgabe dieser Abteilung war es, den Erwerb und die Verwendung kriegswichtiger Rohstoffe gemäß den Bedürfnissen der Kriegswirtschaft zu steuern. Jetzt erhielt er erstmals ein wichtiges politisches Amt, wonach sich sein Ehrgeiz lange erfolglos verzehrt hatte.

Nach 1919 trat er der neu gegründeten Deutschen Demokratischen Partei bei, in der sich das liberal-demokratisch orientierte Bürgertum sammelte. Er war Berater verschiedener – damals oft kurzlebiger – Reichsregierungen, die in der Regel aus Sozialdemokraten, katholischem Zentrum und der Deutschen Demokratischen Partei gebildet wurden.

Anfang Februar 1922 übernahm er das Amt des Außenministers, eines der schwierigsten in der Republik von Weimar, denn Deutschland musste sich aus der Situation des Kriegsverlierers einen geachteten und respektierten Platz unter den Nationen neu erarbeiten. Rathenau erstrebte eine Verständigung mit den Nationen des Westens, was deutsche Konservative und Nationalisten zumeist vehement ablehnten. Bereits im Krieg, aber weit mehr noch danach, war er maßlosen öffentlichen Angriffen rechtsradikaler und nationalistischer Kreise ausgesetzt; immer ging es dabei auch um seine jüdische Herkunft. Die unaufhörliche Agitation der Rechten hatte die Atmosphäre vorbereitet, aus der die Mordtat hervorgegangen war.

Seit der halben, fehlgeschlagenen Revolution von 1919 befand sich Deutschland in einer Situation des latenten Bürgerkriegs; politische Morde waren an der Tagesordnung. Beginnend mit der Ermordung der Spartakus-Führer Karl Liebknecht und Rosa Luxemburg in den Revolutionstagen im Januar 1919 wurden die weitaus meisten dieser Morde von politisch rechts stehenden Tätern begangen und nur selten von der hochkonservativen Justiz der Weimarer Republik verfolgt oder angemessen geahndet. Im Jahre 1922 gab es weitere Anschläge: am 4. Juni auf Philipp Scheidemann, Sozialdemokrat, Anfang 1919 für vier Monate Ministerpräsident des deutschen Reichs und dann Oberbürgermeister von Kassel, und am 3. Juli auf Maximilian Harden, einen berühmten sozialistisch orientierten und streitbaren Publizisten jüdischer Abstammung. Beide überlebten, Harden wurde schwer verletzt. Oftmals waren die Täter ehemalige Soldaten oder Mitglieder der Freikorps, die sich in der Regel aus ehemaligen Soldaten rekrutierten, die nicht in die bürgerliche Gesellschaft fanden, häufig Studenten waren – vielfach nicht ernsthaft studierend – und die ihren Hass auf die neue Gesellschaft und die mit ihr verbundene demokratische Regierungsform durch Terror zum Ausdruck brachten. Rathenaus Ermordung wurde von vielen sofort als ein hochsymbolisches Ereignis empfunden: als Anschlag auf die Republik und als Ausdruck unbedingter Feindschaft gegen das gesamte, demokratisch verfasste politische System, in dem Nationalismus und Militarismus nicht mehr oberste politische Werte bildeten. In den Augen seiner Mörder und deren Sympathisanten war Rathenau der idealtypische Vertreter des neuen politischen Systems. Und immer wieder spielte sein Judentum eine große Rolle.

Rathenau wusste, dass er im höchsten Maße gefährdet war; er hatte bereits viele Morddrohungen erhalten. Zudem warnte ihn Reichskanzler Joseph Wirth konkret vor einem geplanten Attentat. Der katholische Priester Heinrich Lampe, der wie Wirth der Zentrumspartei angehörte, hat wenige Tage vor dem Attentat in seiner Kirche Sankt Matthias im Norden Berlin-Schönebergs einem jungen Mann die Beichte abgenommen, der angab, Mitglied einer radikalen Organisation zu sein, die ihn mehr oder weniger zum Attentat zwinge. Nachdrücklich empfahl der Kanzler dem Außenminister Personenschutz. Aber es war Rathenau höchst unangenehm, ständig beschattet zu werden, selbst wenn dies unauffällig vorgenommen würde. Lediglich eine Pistole trug er für den Notfall in der Hosentasche, Polizeischutz lehnte er ab.

Der Rathenau-Mord wühlte die Republik auf. In vielen Städten kam es zu Unruhen und hässlichen Vorfällen; die Redaktionen einiger nationalkonservativer Zeitungen wurden gestürmt und verwüstet. Am nächsten Tag, einem Sonntag, marschierten die Arbeiter im Westen Berlins. Der Trauermarsch umfasste Hunderttausende unter schwarz-rot-goldenen und roten Fahnen. Als sich nachmittags um drei der Reichstag versammelte, gab es Tumulte. Der deutschnationale Abgeordnete Helfferich, ein Demagoge von hohen Graden, der Rathenau am 23. Juni im Parlament auf niederträchtige Weise angegriffen hatte, war jetzt Tätlichkeiten ausgesetzt und flüchtete unter „Mörder"-Rufen aus dem Reichstag.

Für den Nachmittag des folgenden Dienstags, dem Tag der Beisetzung Rathenaus, hatten die Gewerkschaften eine allgemeine Arbeitsruhe in ganz Deutschland ausgerufen. Riesige Demonstrationszüge, die alles übertrafen, was man bislang gesehen hatte, zogen durch die deutschen Städte, allein eine Million Personen in Berlin. Das war ein spontanes Bekenntnis zur Republik. Im Tode wurde Rathenau die Anerkennung zuteil, die er im Leben nicht bekommen hatte. Doch gab es auch ganz andere Reaktionen im Großbürgertum und vor allem bei Konservativen und Nationalisten: gelangweiltes Achselzucken, heimliche Freude, sogar unverhohlenen Beifall.

Bernhard Weiß, stellvertretender Leiter der Berliner Kriminalpolizei, war einer der wenigen republiktreuen Angehörigen einer durchweg konservativ ausgerichteten Verwaltung und ein unerschrockener Kämpfer gegen den Terror von rechts. Wie Rathenau war auch Weiß Mitglied der Deutschen Demokratischen Partei. Da es sich bei dem Attentat auf Rathenau sozusagen um einen Anschlag auf die Republik gehandelt hatte, setzte Weiß nun alles daran, der Täter habhaft zu werden. Von vornherein war klar, dass sie im rechten Milieu zu suchen waren, denn für Einzeltäter wäre die Logistik des Unternehmens zu schwierig gewesen. Vielmehr durfte man annehmen, dass die „Organisation Consul", ein rechtsorientierter, im Untergrund tätiger Geheimbund, verantwortlich war. Dieser war hervorgegangen aus der Marinebrigade Erhardt, die im Jahre 1920 in Berlin den Kapp-Putsch gegen die Republik durchgeführt hatte. Er bestand nahezu ausschließlich aus ehemaligen Offizieren, plante Verschwörungen gegen die Republik und war terroristisch sehr aktiv. Die Zentrale befand sich in München und genoss den kaum verhüllten Schutz des Münchener Polizeipräsidiums. In ganz Deutschland verfügte die Organisation Consul über ein Netzwerk von Anlaufstellen und Helfern. Auch in Berlin gab es eine Zelle, die als Anlaufstelle für Kuriere und als Postadresse fungierte. Leiter des Berliner Zweigs der Organisation Consul war Wilhelm Ehrentraut. Tatsächlich ergaben die Ermittlungen später, dass die Organisation Consul Waffen für das Attentat bereitgestellt hatte.

Spuren des Verbrechens gab es nicht, und die Angaben der Zeugen ergaben keine verwertbaren Spuren. Die Behörden setzten eine Belohnung in Höhe von einer Million Reichsmark für Hinweise auf die Täter aus. Das war selbst in der Zeit der bereits galoppierenden Inflation ein sehr hoher Betrag. Nach zwei Tagen, am 26. Juni, erhielt die Polizei von einem Zuträger den ersten brauchbaren Hinweis.

Auf einer Veranstaltung des deutschnationalen Jugendbundes Hansa, wo der Mord an Rathenau gefeiert wurde, hatte ein Jurastudent namens Willi Günther damit geprahlt, er habe zur Tatzeit auf dem Notsitz des Tatfahrzeugs gesessen. Günther wurde daraufhin umgehend verhaftet. Zwar wurde im Verhör schnell klar, dass er ein geschwätziger Wichtigtuer war, doch war er tatsächlich an dem Mord beteiligt. Ihm war der Attentatsplan bekannt und gemeinsam mit dem 17-jährigen Gymnasiasten Heinz Stubenrauch, einem Generalssohn, hatte er die Kontakte zu den Brüdern Ernst Werner und Hans Gerd Techow organisiert. Günther beschaffte die Maschinenpistole und einen Stellplatz für das Tatfahrzeug in Berlin-Schmargendorf. Er stand in losem, wenngleich einseitigem Kontakt mit dem rechtskonservativen Reichstagsabgeordneten Karl Helfferich und mit Erich Ludendorff, dem ehemaligen Generalleutnant und Generalfeldmarschall, um den sich Verschwörungszirkel gebildet hatten und der wenig mehr als ein Jahr später am Hitler-Putsch in München beteiligt war. Wie später die Ermittlungen ergaben, hatten Günther und Stubenrauch bereits im April ein Attentat auf Rathenau geplant. Ernst Werner Techow, 21 Jahre alt, war Fähnrich der Marine gewesen, gehörte der Organisation Consul an und hatte bereits einige kleinere Arbeiten für die Organisation ausgeführt. Der 16-jährige Gymnasiast Hans Gerd Techow war bereits mit 15 Mitglied der Organisation geworden. Es war Ehrentraut gewesen, der den Kontakt zwischen Fischer und Kern sowie den Techow-Brüdern vermittelt hatte. Günthers Aussagen führten dazu, dass die Polizei einen Tag später Stubenrauch und Hans Gerd Techow festnehmen konnte. Damit war den Ermittlern der entscheidende Durchbruch gelungen.

Hans Gerd Techow offenbarte der Polizei, wo der Tatwagen stand. Der Fahrer war Techows Bruder Ernst Werner gewesen. Er hatte den Wagen in Freiberg in Sachsen bei einem Fabrikanten, der mit der Organisation Consul zusammenarbeitete, abgeholt. Ernst Werner Techow war ein ausgewiesener Autofachmann. Nachdem er während der Überführung des Autos einen Defekt an der Ölleitung festgestellt hatte, verbrachte er nahezu die gesamte Nacht vor dem Attentat damit, die Ölleitung zu reparieren – was ihm gelang. Er hatte auch den konkreten Ablauf der Aktion entwickelt.

Zudem konnte die Polizei durch Hans Gerd Techows Angaben auch die beiden anderen Attentäter identifizieren: die Organisation-Consul-Mitglieder Erwin Kern, ein 24-jähriger ehemaliger Seeoffizier im Range eines Oberleutnants, sowie Hermann Fischer, 26 Jahre alt und ehemaliger Marineleutnant. Beide waren im Mai 1921 aus der Marine ausgeschieden, wahrscheinlich nicht ganz freiwillig. Sie gehörten zu den vielen ehemaligen Offizieren, denen es nicht gelungen war, im bürgerlichen Leben Fuß zu fassen; beide waren getrieben von Hass auf die Republik, sahen sich aber als Idealisten. Nominell waren beide Studenten: Kern in Kiel, Fischer war als Student des Maschinenbaus bis März 1922 in Chemnitz eingeschrieben. Doch das war eher eine Tarnung für andere Aktivitäten; Kern war nahezu ständig auf Reisen. Sowohl er wie auch Fischer waren Mitglieder der „Brigade Erhardt“ oder doch zumindest mit ihr eng verbunden gewesen. Die Brigade Erhardt war die Keimzelle der Organisation Consul. Kern war eine Leitfigur des politischen Terrorismus in der Organisation Consul. Er war als rechtsradikaler Fanatiker und leitender Funktionär der Organisation einer der skrupellosesten Aktivisten der Rechten, hatte im Südwesten Deutschlands Terroraktionen ausgeführt und sich an politisch motivierten Waffenschiebereien beteiligt. Er war ein Draufgänger, der den Tod nicht fürchtete. Gemeinsam mit Fischer hatte er im Januar 1922 die Befreiung zweier wegen Kriegsverbrechen verurteilter ehemaliger Marineoffiziere aus einem Gefängnis in Leipzig organisiert und durchgeführt. Wiederum war Kern, der eine geheimnisvolle Anziehungskraft auf Jüngere ausübte, der Anführer der Aktion. Es gibt Indizien, dass die Beziehung zwischen Kern und Fischer in den Tagen ihrer Flucht einen neuen Grad der Intensität, eine homosexuelle Komponente, annahm.

Bei nahezu allen Tatbeteiligten (abgesehen von Kern und Fischer wurden später 15 Mitbeteiligte angeklagt), allesamt höchstens 26 Jahre alt, handelte es sich um Söhne des wohlsituierten Bürgertums. Sie standen exemplarisch für eine Generation, der mit dem Kriegsende alle Karrieremöglichkeiten weggebrochen waren und die in den neuen politischen Verhältnissen der Republik nicht angekommen waren.

Der Leiter der Fahndung Weiß gab eine genaue Personenbeschreibung der beiden flüchtigen Attentäter an die Presse und schrieb sie in ganz Deutschland zur Fahndung aus. Bereits am 29. Juni gab es den ersten Erfolg. Ernst Werner Techow hatte sich erst nach Halle und Jena gewandt, um im Milieu studentischer Corps – damals nahezu allesamt politisch rechtsgerichtet – Schutz zu finden. Dann hatte er sich auf ein landwirtschaftliches Gut in der Nähe von Frankfurt (Oder) begeben, das seinem Onkel gehörte. Nachdem der Onkel den Fahndungsaufruf in der Zeitung gelesen hatte, lieferte er den Neffen aber ohne zu zögern der Polizei aus. Möglicherweise handelte es sich nach erfolgtem Gespräch mit dem Onkel indirekt auch um eine Selbstauslieferung Techows, der später im Prozess äußerte, er habe von Anfang an Skrupel gehabt und sei von Kern, als er aufgeben wollte, unter Todesdrohungen gezwungen worden. Techow legte der Polizei gegenüber ein Geständnis ab mit der Folge, dass weitere Tatbeteiligte identifiziert werden konnten. Innerhalb von zwei Wochen gelang es Weiß, alle Tatbeteiligten zu identifizieren und die wichtigsten festzunehmen.

Doch wo waren Kern und Fischer? Die ersten drei Tage nach dem Attentat hatten sie sich in Berlin-Steglitz aufgehalten und das Leben genossen. Vermutlich fuhren sie dann nach Schwerin, wo sie bei einem Angehörigen der Organisation Consul, der zuvor die Maschinenpistole übergeben hatte, ein Paket mit Kleidern zum Wechseln deponierten. Danach hielten sich die Attentäter eine Woche lang in Rostock und Umgebung auf; in der Stadt verfügten sie über ein ausgedehntes Helfernetz. Von Rostock wollten sie sich mit Hilfe eines vorbereiteten Segelboots nach Schweden absetzen. Legal hätten sie nach dem Fahndungsaufruf nicht mehr ausreisen können. Doch stürmisches Wetter vereitelte den Plan. Am 29. Juni meldete sich ein Rostocker Student bei der Polizei, der die beiden gesehen haben wollte. Die Polizei verfolgte, vermutlich absichtsvoll, die Spur nicht.

Am 4. oder 5. Juli trafen Fischer und Kern in dem knapp 60 Kilometer von Rostock entfernten Wismar ein. Auch hier gab es wieder Unterstützer; der Kaufmann Rudolf Otto besaß ein Segelboot. Doch das stürmische Wetter hielt an. Da die Flucht auf diese Art nicht möglich war, mussten die beiden jetzt umdisponieren.

Jetzt gab es nur noch zwei Möglichkeiten: entweder Verbindung mit der Zentrale der Organisation Consul in München aufnehmen und von dort eintreffende Hilfe abwarten oder sich auf eigene Faust nach München durchschlagen. Vermutlich versuchten sie in den nächsten Tagen beides. Am Vormittag des 5. Juli brachen sie in Wismar auf und begaben sich zu Fuß in den 15 Kilometer östlich gelegenen Ort Neukloster, wo sie ebenfalls über eine Anlaufstelle verfügten. Dort beschafften sie sich mit Hilfe ihres Kontaktmannes, einem früheren Marinekameraden Kerns, Fahrräder und Proviant. Danach fuhren sie den restlichen Tag und die ganze Nacht hindurch 120 Kilometer nach Südwesten, bis sie am Vormittag des 6. Juli in der Ortschaft Neu Kaliß in der Prignitz eintrafen. Dort baten sie ihren Kontaktmann um ein Quartier für zwei Wochen, dem das aber zu gefährlich erschien. Doch gab er ihnen die Anschrift eines weiteren Kontaktmanns in der 20 Kilometer südöstlich gelegenen Kleinstadt Lenzen unweit der Elbe, wo sie gegen 7 Uhr abends eintraffen und die Nacht in einem kleinen Hotel verbrachten. Währenddessen suchte sie ein Abgesandter der Organisation Consul an verschiedenen Orten in Norddeutschland, um ihnen Pässe auszuhändigen, die „gefälscht und doch echt waren", wie er später schrieb. Doch da der Kontakt abgebrochen war, gelang dies nicht.

Am 8. Juli, zwei Wochen nach dem Attentat, sah sie der Bürgermeister der Ortschaft Lenzen in der Altmark, der sofort die Polizei informierte. Doch die kam zu spät, Kern und Fischer hatten bereits eine Elbfähre genommen. Jetzt verlegte Weiß eine Fahndungsgruppe von 150 Mann mit Autos, Motorrädern und Fahrrädern in die Altmark. Viele Straßen wurden abgeriegelt, Bahnhöfe wurden kontrolliert. Die Fahndungsplakate wurden durch 20.000 Flugblätter ergänzt, die in allen Orten der Altmark verteilt wurden. Die Belohnung wurde auf zwei Millionen Reichsmark erhöht. Am 9. Juli fiel einem Landjäger in Ziemendorf, knapp 30 Kilometer südlich von Lenzen, eine Generalstabskarte der Umgebung in die Hand, die die Flüchtigen verloren hatten. Am gleichen Tag wurden sie in der 50 Kilometer südlich gelegenen Ortschaft Jerchel unweit von Gardelegen in einem Dorfgasthaus gesehen. Jetzt waren ihnen die Fahnder bereits dicht auf den Fersen. Doch dann verlor sich die Spur und am 14. Juli erklärte Weiß, dass ihm die Gesuchten entwischt seien.

Da überall Fahndungsplakate mit den Fotos hingen, erschien es Kern und Fischer nunmehr zu gefährlich, in Gasthäusern abzusteigen. So schliefen sie tagsüber, nachts fuhren sie im Eiltempo gen Süden. Mehrfach wechselten sie die Kleidung. Zunächst einmal wollten sie der Einkreisung entkommen, doch ihr eigentliches Ziel war Bayern, wo sie vor dem Fahndungsapparat der Berliner Polizei einigermaßen sicher sein konnten.

Am 16. Juli meldeten sich zwei Hamburger Brüder bei der thüringischen Polizei, die im Turm der Burg Saaleck in der Nähe von Naumburg (Saale) Licht gesehen hatten, obwohl der Besitzer abwesend war. Die zwei Gestalten, die sie gesehen hatten, ähnelten denen auf den Fotos der Fahndungsplakate. Schnell fand die Polizei heraus, dass sich zwei jüngere Männer, deren Beschreibung auf die zur Fahndung ausgeschriebenen zutraf, unweit der Burg in Bad Kösen nach deren Besitzer erkundigt hatten. Später sollte die Polizei herausfinden, dass der Burgbesitzer ein enger politischer Freund der beiden war. Auf der Burg waren sie vermutlich mit Verbindungsleuten aus München verabredet gewesen. Die Strapazen der Fahrt hatten sie völlig erschöpft. Am nächsten Tag, dem 17. Juli, machten sich zwei Polizisten auf den Weg von Halle zur Burg, die sie noch vor Mittag erreichten. Da die Gittertür zum Turm verschlossen war, wurde ein Schlosser herbeigerufen, die Tür wurde aufgemeißelt, das Türschloss zum Wohnturm aufgebrochen. Das Schlafzimmer im dritten Stock war von innen verriegelt. Daraufhin forderten die Polizisten Verstärkung an und belagerten mit dem Schlosser die Burg. Als die Verstärkung gegen sieben Uhr eintraf, war die Angelegenheit bereits beendet.

Fischer, mit einem Gewehr in der Hand, und Kern traten auf eine Dachplattform und führten ein kurzes Gespräch mit zwei Studenten und deren Begleiterinnen, die gerade zur Burg gekommen waren. Anschließend legte Fischer an und zielte auf einen der beiden Polizisten, der noch in Deckung springen konnte. Doch Fischer schoss nicht, er zog sich in das Schlafzimmer zurück. Kurze Zeit später gab einer der beiden Polizisten fünf Schüsse aus seinem Karabiner durch das Fenster des Schlafzimmers ab. Kern, der am Fenster stand, wurde schwer am Kopf verletzt. Fischer legte Kern auf ein Bett und versuchte, dessen Verletzungen so gut es eben ging zu versorgen. Kern starb wenig später. Dann schoss sich Fischer mit seiner Pistole in den Kopf. Als die Verstärkung der Polizei eintraf und das Turmzimmer gewaltsam öffnete, waren beide bereits tot.

Zwischen dem 3. und dem 14. Oktober 1922 fand vor dem neu gebildeten Staatsgerichtshof in Leipzig der Prozess gegen 13 Mitverschwörer statt, zwei waren flüchtig. Von den drei Berufs- und sechs Laienrichtern wurde erwartet, dass sie die rechtslastige Tradition der Rechtsprechung nicht fortführen würden. Das Interesse der Öffentlichkeit war extrem groß. Oberreichsanwalt Ludwig Ebermayer versuchte, alles was mit der Organisation Consul zusammenhing, aus dem Prozess herauszuhalten und den Prozess lediglich auf die eigentliche Tat und ihre Vorbereitung zu beschränken.

Günther erhielt eine Schachtel Pralinen aus Berlin zugeschickt, die er mit vier weiteren Angeklagten teilte. Die Pralinen waren mit Arsen vergiftet worden, doch Günther und die anderen überlebten. Die Herkunft der Pralinen ist niemals vollständig aufgeklärt worden. Man muss annehmen, dass das Pralinen-Attentat der Versuch eines Feme-Mords war, denn Günther war allgemein als unzuverlässiger Großsprecher bekannt; Ernst Werner Techow, der das Tatauto gefahren hatte, drohte wegen Mittäterschaft die Todesstrafe. Nach längeren Beratungen erkannte das Gericht lediglich auf Beihilfe, weil es ihm glaubte, dass er eigentlich am Vorabend des Attentats aussteigen wollte und Kern ihn daraufhin bedrohte. Daher bekam er nur 15 Jahre Zuchthaus. Jahrzehnte später, nach dem Tod des Priesters Lampe, wurde aus dessen nachgelassenen Aufzeichnungen offenbar, dass es vermutlich Ernst Werner Techow war, der dem Priester seine Verstrickung gebeichtet hatte. Hiernach hatte er am letzten Tag vor dem Attentat aussteigen wollen, doch er war von Kern mit Feme-Mord bedroht worden. Sein Bruder Hans Gerd wurde zu vier Jahren und einem Monat Zuchthaus, Günther zu acht Jahren verurteilt.

Im Juni 1925 gab es einen weiteren Prozess gegen die beiden Beteiligten, die 1922 fliehen konnten. Einer der beiden wurde wegen Nichtanzeige eines Verbrechens zu vier Jahren Zuchthaus verurteilt. Doch die Rolle der Organsiation Consul blieb im Dunkeln.

Keiner der Verurteilten musste seine Strafe antreten. Sowohl die Staatsanwaltschaft als auch die Verteidigung arbeitete auf eine Umwandlung des Urteils hin. Im Dezember 1925 wurden alle, die am Mord beteiligt waren, amnestiert. Mit einer solchen Justiz konnte die Republik auf die Dauer nicht überleben.

Zehn Jahre später offenbarte Ernst von Salomon, einer der damaligen Mitstreiter der Organisation Consul, in einer Publikation relativ offen, dass es der Organisation beim Mord an Rathenau um eine Destabilisierung der Republik und letztlich um einen Umsturz ging. Zu diesem Zweck hatte die Organisation eine ganze Liste politischer Gegner aufgestellt, deren Ermordung sie plante. Mit diesen Morden sollte die Rote Armee der Kommunistischen Partei und vielleicht auch generell die Linke zu einem Aufstand provoziert werden. In dieser Bürgerkriegssituation hätte dann die Rechte, vertreten durch die Reichswehr und die Reste der Freikorps, eingegriffen und die Republik beseitigt. Das waren auch die Befürchtungen des Reichskanzlers Wirth nach dem Attentat gewesen. Doch sollte das eine ziemlich verrückte Idee sein, wie sich zeigte, denn der Außenseiter Rathenau repräsentierte letztlich nur sich selbst; eine politische Basis oder Anhängerschaft hatte er nicht.

Als Salomon im Jahre 1933 die Hintermänner des Rathenau-Mords in der Organisation Consul lokalisierte, hatte sich der Wind in Deutschland mittlerweile gedreht; jetzt war es auf einmal ehrenvoll, gegen Republik und Demokratie gekämpft zu haben. So überrascht es nicht, dass die beiden Attentäter Kern und Fischer schon bald zu Helden umgedeutet wurden: In der Zeit der nationalsozialistischen Diktatur wurde – wie es stets hieß: auf Anweisung Adolf Hitlers – auf dem Friedhof des Dorfes Saaleck über dem Grab von Kern und Fischer ein großer Gedenkstein errichtet, der von einem Stahlhelm gekrönt wurde. Das hatte seine Berechtigung, denn Kern und Fischer waren tatsächlich frühe Vorkämpfer des Nationalsozialismus.

DOPPELMORD IM NAMEN EINER GROSSEN SACHE

von Jens Inti Habermann

„Da sind Millionen gefallen – für nichts. Für nichts. Alles, wofür wir gekämpft haben – in nichts hat es sich aufgelöst.“
Erich Mielke, 1992

Berlin, Sommer 1931. Es ist die Zeit der großen Depression. Essen und Arbeit sind knapp und Demonstrationen gegen die SPD-Führung der Weimarer Republik alltäglich. „Nieder mit der Regierung! Gebt uns Arbeit, gebt uns Brot, sonst schlagen wir euch tot!“, ertönt es schon fast täglich. Im Zuge der Aufstände sind vor Kurzem zwei Polizisten und drei Demonstranten den Pistolenkugeln der jeweiligen Gegenseite zum Opfer gefallen. Die 13-jährige Dora Anlauf sucht am späten Abend des 9. August 1931 beunruhigt das 7. Polizeirevier auf und fragt nach ihrem Vater Paul, der an diesem Tage nicht nach Hause gekommen ist. Sie möchte wissen, ob ihrem Vater, dem Leiter des Polizeireviers, etwas zugestoßen sei. Vergeblich wartet sie auf eine Antwort. Keiner der Polizisten traut sich ihr mitzuteilen, dass ihr Vater und sein Begleiter Franz Lenk am selben Abend auf dem Bülowplatz (heute Rosa-Luxemburg-Platz) hinterrücks erschossen wurden, denn ihre Mutter war erst einen Monat zuvor gestorben. Die Schützen sind Erich Mielke, Mitglied der Kommunistischen Partei Deutschlands (KPD) und späterer Minister für Staatssicherheit der DDR und Erich Ziemer. Beide fliehen kurz darauf in die Sowjetunion und entkommen somit dem Todesurteil. Das Opfer Paul Anlauf leitete das 7. Polizeirevier und die Zentrale der KPD lag in seinem Zuständigkeitsbereich. Er war dort besonders verhasst, denn die Genossen bekamen seine Abneigung bei jeder Gelegenheit zu spüren. Lenk hatte Anlauf an diesem Tag zufällig begleitet.

Aus dem Totenbuch des Berliner Polizeipräsidiums am Platz der Luftbrücke 6 *(Foto: Peter Ewertz)*

Diesen ledernen Polizeihut trug Franz Lenk am Tage seiner Ermordung. Unten rechts ist ein durch Schrot entstandenes Einschussloch sichtbar. (Foto: Jens Inti Habermann)

Der heutige Rosa-Luxemburg-Platz hieß vorher Horst-Wessel-Platz und davor Bülowplatz. Es handelt sich hierbei um den unmittelbaren Bereich vor der Volksbühne. *(Foto: Peter Ehrentraut)*

Schnell wird deutlich, dass der Doppelmord zur Destabilisierung der preußischen Führung beitragen soll: NSDAP und KPD haben schon vor längerer Zeit gemeinsam eine Volksabstimmung zum Sturz der Regierung Braun/Severing für den 9. August organisiert. Dieser Volksentscheid endet für die kurzfristig verbündeten Republikgegner Hugenberg, Thälmann und Hitler jedoch mit einer klaren Niederlage. Außerdem erhält die sozialdemokratische Parteizeitung „Vorwärts" eine Bekenner-Postkarte mit folgendem Wortlaut: „Wir teilen Ihnen mit, dass wir vor den Schergen des Machtapparates keine Angst haben und den Kampf mit der Waffe in der Hand bis zum Ziele weiterführen werden." Die Abteilung IA des Polizeipräsidiums (Zentralpolizei) am Alexanderplatz, aus der später die Gestapo hervorgehen wird, bekommt ebenfalls Post. „Wir leben noch", teilen Unbekannte mit. Beide Karten tragen den Absender „Terroristische Arbeitsgruppe der Tat" und sind am 10. August vom Berliner Postamt SW 68 abgestempelt worden. Am 15. August sendet das KPD-Mitglied Heinz Neumann den Bericht einer Politbürositzung, die kurz nach den Bülowplatz-Morden stattgefunden hatte, an Wilhelm Pieck von der Kommunistischen Internationalen (Komintern) nach Moskau. Dieser Brief wird verschlüsselt und am Zielort wie folgt dechiffriert: „Die Besprechung mit meinem Bruder (=Politbüro) nahm einen durchaus befriedigenden Verlauf. Auch Euer (=unser) Freund Emil (=Thälmann) war ebenfalls dabei und ist durchaus guter Laune. Kuno (=Ulbricht) hat sich etwas ungeschickt ausgedrückt in der Sache, über die wir mal am letzten Tage gesprochen haben. Wir hatten da sehr interessante Rücksprachen mit einigen Leuten von den beiden Aufsichtsräten (=Regierungen). Auch eine mit der Generalvertretung (=Polizeipräsidium). Haben die Hosen voll. Naja, das ist ja auch erklärlich bei der ganzen Wirtschaftslage. Bei uns floriert's dagegen immer noch ganz gut, und es ist so gut wie sicher, dass auch die Konjunktur

VIER TOTE POLIZEIBEAMTE INNERHALB VON VIER WOCHEN

Am 29. Mai 1931 wird Polizeihauptwachtmeister PAUL ZÄNKERT vom Revier 72 (Prenzlauer Berg) am Senefelder Platz bei dem Versuch, einen kommunistischen Überfall auf Angehörige des Stahlhelms zu verhindern, erschossen.

Am 30. Juni 1931 wird Polizeioberwachtmeister EMIL KUHFELD, der mit seinem Überfallkommando in der Frankfurter Allee eine kommunistische Ansammlung auflösen will, erschossen.

Am 9. August 1931 werden die beiden Polizeihauptleute PAUL ANLAUF und FRANZ LENCK auf offener Straße hinterrücks erschossen.
Von da an sehen viele Polizisten die Kommunisten als ihre eigentlichen Feinde an.
Als Mittäter wird in Abwesenheit ERICH MIELKE – langjähriger Minister für Staatssicherheit in der DDR - verurteilt.

Im Norden Berlins, in der Hagenauer Straße, wird der Polizistenmord in großen Lettern angekündigt.

Am Tage nach dem Mord an den beiden Polizeioffizieren wird die Redaktion der „Roten Fahne", daß Organ der KPD, besetzt.

Die Bereitschaft, für politische Ziele zu töten, ist Voraussetzung für jeden Krieg. *(Foto: Peter Ewertz)* anhält. Die Generalvertretung (=Polizei) werden wir jetzt etwas schonender behandeln."

In jenen Augusttagen nach dem Attentat reisen auf Veranlassung der KPD die Genossen Erich Mielke und Erich Ziemer hastig und ohne Gepäck nach Moskau ab. Mielke schreibt dort in sein Tagebuch Sätze wie: „Als letzte Arbeit erledigten noch ein Genosse und ich die Bülowplatz-Sache" oder: „...habe...die Sache am Bülowplatz bereinigt." In Ziemers Moskauer Kaderakte wird sich später folgender Satz von 1932 finden lassen: „Meine letzte Arbeit für die Gruppe war die Bülowplatzsache, die ein anderer Genosse und ich zusammen ausführten." Erich Mielke, geboren am 28. Dezember 1907, war ein Speditionskaufmann aus Berlin-Wedding, Mitglied der KPD seit 1925, von 1928 bis 1931 Reporter beim Parteiblatt „Rote Fahne" unter dem Chefredakteur Heinz Neumann. Eine Schusswaffenausbildung erhält er als Mitglied des Vereins „Partei-Selbstschutz" (PSS) – dem inoffiziellen, geheimen militärpolitischen Apparat der KPD unter der Führung von Hans Kippenberger. Im Sommer 1931 wird er von der PSS zusammen mit seinem Genossen Erich Ziemer mit dem Mord am Polizisten Paul Anlauf beauftragt. Erich Ziemer ist von Beruf Brückenbautechniker und leidet seit seiner Kindheit an Schwerhörigkeit.

In Moskau angekommen, werden Mielke und Ziemer in ein Emigrantenheim gebracht. Wenig später erklärt Mielke der Heimleiterin, Genossin Lorenz, dass er „...besser nach dem Alex (Berliner Zentralpolizei) geraten möchte als hier bleiben... Denn im Alex schickt man alle neuen Gefangenen baden, man sperrt sie in einen sauberen Raum ein, die Kost ist genießbar und sauber. Hier hat man keinen Raum, das Essen ist schmutzig oder es gibt überhaupt nichts zu essen...Wenn ich zurückfahren will, wird mich niemand halten können." Die entsetzte Genossin alarmiert den obersten KPD-Vertreter der Moskauer Kommunistischen Internationale (Komintern), Wilhelm Pieck.

Dieser benachrichtigt die KPD in Berlin und Mielkes Mutter wird damit beauftragt, auf Wunsch ihres Sohnes Folgendes zu beschaffen: Palmolive- und Waschseife, Zahnpasta, Collonil Lederöl, Rasierzeug, ein Paar zu jener Zeit allseits begehrten Motorradhandschuhe der Marke Dewan, eine Sportmütze, eine blaue Mütze mit breitem Kopf von Tietz. Ziemer will lediglich einen Zirkelkasten, Rechenschieber und Bücher. Er organisiert sich aber bereits etwas Geld, um gegebenenfalls zusammen mit Mielke die Heimreise anzutreten. Dazu schreibt die Berliner KPD im September 1931 an Wilhelm Pieck: „Dieses muss selbstverständlich verhindert werden, weil die sich daraus ergebenden Konsequenzen weder für uns noch für Euch tragbar sind." Offenbar wird befürchtet, dass die beiden charakterschwachen Genossen Erich und Erich vor der Berliner Kripo aussagen könnten, so wie Pieck seinerzeit selbst alles und jeden verraten hatte, als er im Januar 1919 gemeinsam mit Karl Liebknecht und Rosa Luxemburg verhaftet worden war. Pieck bringt die beiden schließlich in der exklusiven Lenin-Schule der Komintern in Moskau unter, obwohl weder Ziemer noch Mielke dafür geeignet scheinen. Jedoch geben sie den Gedanken an eine Heimreise auf.

Im Frühjahr 1933 nimmt der Berliner „Sturm 2/10" der SA in der „Sache Bülowplatz" die Ermittlungen auf. Wie solche Untersuchungen zu der Zeit im allgemeinen vonstatten gehen, berichtet das ehemalige PSS-Mitglied Hellmuth Krug später aus dem Exil: „Am Mittwoch, den 27. September 1933, morgens halb fünf Uhr, erschienen in meiner damaligen Wohnung Neukölln, Hobrechtstraße 14, Beamte der Geheimen Staatspolizei und hielten Haussuchung. Ihre Frage, ob ich im Besitz von Waffen sei, verneinte ich. Eine Waffe war vorhanden, wurde aber nicht gefunden. In der Küche fragte mich der Kriminalgehilfe Polenz: ‚Sage mir Krug, wer ist beim Kader (gemeint war der PSS)?' Ich verriet keinen, gab aber zu, in der KPD Mitglied gewesen zu sein. Ich wurde im Auto nach der Prinz-Albrecht-Straße, Zimmer 243 überführt. Das Zimmer war verschlossen, und ich kam ins Verhör. Ich musste militärische Haltung annehmen, und mir wurde eine Liste mit Namen vorgelegt. Behalten habe ich die Namen: Wichert, Klause, Friedrich Bröde, Hollstein, Vulkan, Walter Neumann, Krug, Karl Zager und Karl Röder. Ich lehnte ab, jemand davon zu kennen und wurde zerschlagen, schwerer Schlag auf den Hinterkopf, Nasenbeinbruch, Schienbeinverletzung. Zwischendurch wurde gesagt, man wisse, ich sei der Waffenmeister von Neukölln. Ich stritt alles ab. Die Vernehmung dauerte zirka eine Viertelstunde. Dann sagte Polenz zu mir: In 24 Stunden hätten sie alles raus, und man würde mir den Arsch genauso vollhauen, wie M. Klause und F. Bröde, denen er geplatzt wäre. Dann durfte ich das Blut abwaschen und wurde zur SS-Wache gebracht und mit dem Gesicht zur Wand gestellt. Von hier aus wurde ich von SS-Leuten im Auto zur Koloniestraße gebracht. In der SS-Wache (Sturm 42, Reinickendorf) wurden meine Personalien aufgenommen und ich zum Sanitäter in der dritten Etage gebracht. Vor mir ging ein Gefangener, nur mit Hose und Schuhen, dessen linke Rückenhälfte schwarz blutunterlaufen war. Nachmittags um fünf Uhr wurde ich wieder zur Vernehmung geführt. Anwesend waren: der Kriminalgehilfe Polenz, der Obertruppführer Kubick und der SS-Mann. Der Obertruppführer Kubick las mir noch einmal die Liste vor bis zu meinem eigenen Namen. Ich leugnete wieder, jemand zu kennen. Zwischendurch wurde ich immer wieder mit einem meterlangen Knüppel, an dessen Ende ein Gummischlauch übergezogen war, auf Handrücken und in die Kniekehlen geschlagen, mehrmals auch mit der Hand an den Kopf und ins Gesicht. Kubick sprang auf mich zu, schlug wieder mit dem Knüppel, während ich stramme Haltung annehmen musste. Durch die Misshandlungen heruntergekommen, konnte ich seinen Auslassungen nicht mehr folgen, sodass er Befehl zum Abführen gab." Krug wird solange gefoltert, bis er die Waffenlager preisgibt. Daraufhin wird er schließlich im Oktober freigelassen und verlässt das Land.

Nicht anders werden die Verdächtigen im Zusammenhang mit dem doppelten Polizistenmord von 1931 behandelt. In der Nacht des 27. Februar 1933 brennt der Reichstag. Zwölf Männer der Gestapo durchsuchen unter anderem die Berliner Wohnung der Kippenbergers. Gegen Hans Kippenberger, der sich zu diesem Zeitpunkt gerade mit einigen Genossen trifft, liegt ein Haftbefehl vor. In der Wohnung befinden sich also lediglich Kippenbergers Frau Thea und die beiden kleinen Töchter Jeannette und Margot. Die Wohnung wird durchsucht, sämtliche Bücher und Unterlagen beschlagnahmt. Als die Männer im Kinderzimmer ein von Wilhelm Pieck signiertes Buch finden, wird die kleine Margot ausgefragt. Beide Mädchen hatten von den Eltern schon vor Langem striktes Verbot bekommen, Informationen preiszugeben. Sie halten sich daran. Wenig später erfährt Kippenberger von dem Besuch und taucht unter. Er hält sich in Zürich, dann in Paris auf und fährt schließlich nach Moskau, wo er unter dem Namen Ernst Wolf lebt.

Die „Deutsche Juristenzeitung" veröffentlicht im Mai 1933 folgenden Schrieb eines Landgerichtsdirektors: „Die restlose Ausrottung des inneren Feindes gehört zur deutschen Ehre. An ihr kann der Richter durch großzügige Auslegung der Strafprozessordnung teilnehmen." Unter Mithilfe von SA und Gestapo gelingt es den Justizbehörden, Geständnisse zu erzwingen und den bereits verhafteten Michael Klause als Kronzeugen zu „gewinnen". 1934 wird in Berlin-Moabit im Gerichtssaal 700 der „Bülowplatzprozess" eröffnet, an dessen Ende Michael Klause, Friedrich Bröde und Max Matern zum Tode verurteilt werden. Ihre Gnadengesuche werden abgelehnt. Auch Erich Mielke wird in Abwesenheit für schuldig befunden. Fritz Bröde erhängt sich in seiner Zelle am Riemen seines Holzbeines. Plötzlich befürworten der Untersuchungsrichter Thierbach und die Gestapo das Gnadengesuch Michael Klauses. Adolf Hitler wandelt sein Todesurteil am 2. Mai 1935 in lebenslängliche Haft um. Klause wird zunächst ins Zuchthaus Brandenburg gebracht, Max Matern schlägt man am 22. Mai 1935 in Plötzensee mit einem Handbeil den Kopf ab. Aus bislang ungeklärten Gründen wird Klause knapp sieben Jahre nach seiner Begnadigung am 7. Februar 1942 in Plötzensee mit dem Fallbeil enthauptet.

Aus politischen Gründen distanziert sich die KPD allmählich von ihren Terrorgruppen und den „Ultralinken". „Heldentaten" von einst werden im Zuge der neuen „Einheitsfront-Taktik" als „individueller Terror" bezeichnet. In „Sachen Bülowplatz" ermittelt nun also auch der sowjetische Staatsapparat. Pieck und Ulbricht tragen in Moskau zur Verhaftung der damaligen Drahtzieher des Polizistenmords Heinz Neumann und Hans Kippenberger, Chef des militärpolitischen Apparats PSS, bei. Neumann, der sich in der Sowjetunion sicher gefühlt hatte, und Kippenberger werden nach ihrer Verhaftung 1937/38 in der Lubjanka per Genickschuss hingerichtet. Kippenbergers Frau Thea hatte seinerzeit den mit dem Mord beauftragten PSS-Mitgliedern Mielke und Ziemer nach erfolgreicher Durchführung des Anschlags zur Flucht verholfen. Sie selbst unterrichtet seit Mitte der 1930er-Jahre unter dem Namen Erna Windhorst in der deutschen Karl-Liebknecht-Schule in Moskau, wird deportiert und stirbt 1940 in einem sowjetischen Arbeitslager an einer Lungenentzündung. Die Töchter Margot und Jeannette werden während einer Unterrichtsstunde aus dem Sowjetinternat für Emigrantenkinder geholt und in ein Heim für „Kinder von Volksfeinden" gebracht. Nach Kriegsende werden sie in die Verbannung geschickt. Schließlich dürfen sie die Sowjetunion in Richtung Ostberlin verlassen, wo Margot in ständigen Schwierigkeiten mit dem System lebt. Aufgrund ihrer „antisozialistischen Haltung" will man ihr dort später ihre Kinder wegnehmen. Sie setzt sich aber durch und übersiedelt im Gegensatz zu ihrer Schwester in den Westteil der Stadt, wo sie ebenfalls bittere Erfahrungen macht.

Im Biographischen Lexikon der Deutschen Arbeiterbewegung (Ostberlin 1970) ist über Hans Kippenberger zu lesen: „Im Kampf gegen die faschistische Gefahr wandte er auch Mittel des individuellen Terrors an, die vom Zentralkomitee der KPD aufs Schärfte verurteilt wurden." Im selben Buch steht zur Person Heinz Neumann: „N. vertrat seit Ende der Zwanzigerjahre in entscheidenden Fragen der Strategie und Taktik der KPD abenteuerliche und sektiererische Auffassungen (...) und förderte Tendenzen des individuellen Terrors." Zur Sache Bülowplatz steht im Band IX der Geschichte der deutschen Arbeiterbewegung (Ostberlin 1968, herausgegeben vom Institut für Marxismus-Leninismus beim Zentralkomitee der SED): „Eine schwerwiegende parteifeindliche Handlung hatte Heinz Neumann begangen, als er im August 1931 gemeinsam mit Hans Kippenberger die Erschießung von zwei Polizeioffizieren organisierte, die unter der Arbeiterschaft besonders verhasst waren... Das geschah am 9. August 1931 auf dem Bülowplatz." Ziemer und Mielke bleiben nahezu unbehelligt. Die beiden geraten Ende 1933 lediglich in Verlegenheit, als sie in der Lenin-Schule im Zuge der „Parteisäuberung", der Neumann und Kippenberger 1937/38 zum Opfer fallen, befragt werden. Mielke korrigiert bei dieser Gelegenheit seinen Lebenslauf: „1928 wurde ich Mitglied der KPD. Ich arbeitete in der Straßenzelle und habe in meiner politischen Arbeit immer gegen Ultralinke gekämpft. 1932 bin ich ohne theoretische Vorbereitung an die Schule gekommen. In den Diskussionen habe ich mich hochmütig verhalten. Diesen Fehler kann ich mit meiner nahezu kleinbürgerlichen Abstammung erklären."

Frage: „Hast du gegen Ultralinke in der Gewerkschaft gekämpft?"

Mielke: „Ich sagte schon, dass ich in den Gewerkschaften keine führende Funktion inne hatte."

Frage: „Wie stehst du zur Gruppe Neumann?"

Mielke: „Ich habe sie bekämpft."

Frage: „Wie sah dein Kampf gegen den Faschismus konkret aus?"

Mielke: „Besonders habe ich auf die Massenarbeit geachtet. Ich habe gegen Tendenzen des individuellen Terrors gekämpft."

Frage: „Du sagtest, du habest ein richtiges Gefühl im Kampf für die Generallinie. Was bedeutet das?"

Mielke: „Selbstverständlich kann ich ohne theoretische Anleitung nicht sicher handeln. Doch mein bolschewistischer Instinkt hilft mir."

Zwanzig Jahre später wird Erich Mielke in einem offiziellen Lebenslauf erklären, dass er sich in jungen Jahren mit „Abweichlern" und „ultralinken Trotzkisten" eingelassen hatte, dann jedoch „richtig politisch bewusst wurde". Während der Moskauer Prozesse 1933 bis 1935 sammelt Mielke weitere Parteierfahrung. 1936 werden er und Ziemer Politkommissare in Spanien und kämpfen an der Ebro-Front, wo Ziemer 1937 in einem Panzer verbrennt. Bis zum Ende des Krieges durchläuft Mielke unter verschiedenen Decknamen folgende Stationen: 1939 flüchtet er nach Belgien und wird im Mai 1940 in ein Internierungslager an die französisch-spanische Grenze gebracht. Die französische Vichy-Regierung arbeitet mit den Nazis zusammen und bringt 128 Kommunisten in das Straflager Le Vernet. Mielke flieht bereits vor dem „Umzug" aus dem Internierungslager und arbeitet drei Jahre lang unentdeckt als Holzfäller mit lettischem Pass in Südfrankreich. Ende 1943 wird er dort nach einer Auseinandersetzung mit seinem Chef verhaftet und an die Nazis ausgeliefert. Ab Januar 1944 arbeitet er in Frankreich in der nationalsozialistischen „Organisation Todt",

Das Kriminalgericht Moabit in der Turmstraße 91 (Foto: Peter Ewertz)

wo er eigenen Angaben zufolge Zersetzungsarbeit leistet. Im gleichen Jahr kommt er mit dieser Organisation nach Deutschland zurück. Die spätere legendenhafte Behauptung, Mielke sei 1945 mit der Roten Armee als Befreier in Deutschland einmarschiert, ist demnach falsch.

Am 8. Februar 1950 wird durch Beschluss der provisorischen Volkskammer in Ost-Berlin das Ministerium für Staatssicherheit, MfS, gebildet. Mielke arbeitet zunächst lediglich als Staatssekretär für das MfS. Im März 1950 lässt er in seiner neuen Funktion den zweiten Vorsitzenden der KPD-Westdeutschland, Kurt Müller, verhaften. Müller werden zu Unrecht parteifeindliche Handlungen vorgeworfen, ein Vergehen also, das mit dem Tode bestraft werden kann. Ziel ist es, Müller zum Verzicht auf sein Bundestagsmandat zu bewegen. Von März bis August wird er Tag und Nacht unter anderem auch von Mielke verhört. Müller muss während der Verhöre stehen und wird am Ende der Befragung regelmäßig in eine so genannte Wasserzelle eingesperrt. Schließlich übergibt Mielke sein Opfer der sowjetischen Militärbehörde. Im März 1953 wird Müller wegen „Terrors" verurteilt, 1955 jedoch begnadigt.

1957 wird Erich Mielke von Wilhelm Pieck als Minister für Staatssicherheit vereidigt, er steigt neben Staats- und Parteichef Erich Honecker zum mächtigsten Mann der DDR auf, viele Menschen sterben unter ihm.

Auf einer Kollegiumssitzung des MfS spricht Mielke am 19. Februar 1982 folgende Worte: „Noch einmal wiederhole ich: Wir müssen alles erfahren! Es darf nichts an uns vorbeigehen. Und das machen manche Leiter noch nicht. Die merken das noch nicht einmal, Genossen, einige unter uns. Die begreifen das sogar noch nicht richtig. Das ist eben die Dialektik des Klassenkampfes und der Arbeit der Tschekisten." Seine 85.000 hauptamtlichen Mitarbeiter und weitere 130.000 „inoffizielle Mitarbeiter" tragen bis zur Wende 180 laufende Kilometer an

Aktenmaterial, Dokumente der gegenseitigen Bespitzelung zusammen.

1989 wächst der gesellschaftliche Druck gegen das DDR-Regime. Am 3. November werden Erich Mielke und vier weitere hochrangige Parteifunktionäre vom Politbüro überredet, freiwillig ihren Rücktritt zu erklären. Zehn Tage später, mitten in der Wende, spricht der physisch und psychisch stark angeschlagene Mielke zum ersten Mal seit knapp drei Jahrzehnten vor der Volkskammer: „Wir haben, Genossen Abgeordnete, einen außerordentlich hohen Kontakt mit allen werktätigen Menschen." Zwischenrufe und Gelächter bringen den Greis aus der Fassung, er stottert: „Ich liebe, ich liebe doch alle ... alle Menschen. Ich liebe doch ... Ich setze mich doch dafür ein ..." Es ist still im Saal, als der Armeegeneral schließlich mit hochrotem Kopf zurück zur Regierungsbank taumelt.

Am Nachmittag des 3. Dezember tritt das Zentralkomitee der SED samt Politbüro geschlossen zurück. Mielke, Honecker und andere Repräsentanten der alten Führung werden aus der SED ausgeschlossen. Mielke wird fünf Tage später unter dem Vorwurf festgenommen, durch Korruption und Amtsmissbrauch die Volkswirtschaft „schwer geschädigt und sich persönlich bereichert" zu haben. In einer Ostberliner Haftanstalt wird dem Untersuchungshäftling im Januar 1990 erklärt, dass gegen ihn wegen Hochverrats ermittelt wird. „Was sie mir sagen, ist unfassbar", entgegnet Mielke, „ ich war doch zuständig, Hochverrat zu untersuchen und zu bekämpfen." Später jedoch gesteht er seinem Sohn Frank: „Politisch-moralisch fühle ich mich schuldig. Ich bekenne mich zu meinen Befehlen und Weisungen. Ich trage auch dafür die politisch-moralische Schuld, dass vieles so gekommen ist, wie es jetzt ist. Ich werde niemanden belasten, und ich habe auch nicht das Recht, jemanden zu belasten." Im März ordnet DDR-Generalstaatsanwalt Hans-Jürgen Joseph an, den Häftling wegen „erheblichen geistigen und körperlichen Zerfalls“ aus der Untersuchungshaft zu entlassen. Wenig später organisiert eine „treue Stasi-Garde“ den Rückzug Mielkes in ein Versteck außerhalb Berlins. Ende Juli bescheinigt ihm ein Krankenhaus der Volkspolizei Haftfähigkeit, Mielke wird wieder eingesperrt. Hans-Jürgen Joseph ist in der Zwischenzeit abgelöst worden.

Am Tag der Einheit, dem 3. Oktober 1990, übernimmt das Berliner Kammergericht die Ermittlungen. Erich Mielke wird wegen verschiedenster Vergehen nach ehemaligem DDR-Recht angeklagt. Der entscheidende Prozess beginnt jedoch am 10. Februar 1992 in Berlin-Moabit und dauert 20 Monate: Gegenstand der Verhandlung ist ein Doppelmord vom 9. August 1931, begangen an den beiden Polizeioffizieren Paul Anlauf und Franz Lenk auf dem Berliner Bülowplatz. Der Prozess findet im selben Gerichtsgebäude, im selben Saal mit der Nummer 700 statt wie der Prozess aus dem Jahre 1934, und die inzwischen vergilbten Akten vom „Sturm 2/10“ der SA dienen der Staatsanwaltschaft als Beweismittel. Hinzu kommen teilweise etwas jüngere Beweisdokumente aus Archiven der ehemaligen Sowjetunion und neue Zeugen.

Als Nebenklägerin tritt die 73-jährige Ostberlinerin Dora Zimmermann, geborene Anlauf, in Erscheinung. Nach insgesamt 87 Verhandlungstagen wird Mielke am 26. Oktober 1993 unter anderem des gemeinschaftlichen Mordes in zwei Fällen für schuldig befunden und zu sechs Jahren Haft verurteilt. Er wird am 1. August 1995 nach Verbüßung von zwei Dritteln seiner Strafe, einschließlich der Untersuchungshaft, entlassen und lebt mit seiner Frau Gertrud bis zu seinem Tode im Mai 2000 in der Berlin-Hohenschönhausener Plattenbauidylle. Andere Verfahren gegen Erich Mielke wurden eingestellt.

DIE GENTLEMEN IN DER TRÜMMERWÜSTE

von Peter S. Kaspar

Immerhin, er hat das Gymnasium besucht, bis zur Tertia. Das brachte ihm den Namen „Doktorchen“ ein. Als Werner Gladow mit 17 Jahren in den Trümmern von Berlin-Friedrichshain nach dem Zweiten Weltkrieg seine Bande um sich schart, schauen seine Gefährten fast ehrfürchtig zu ihm auf. Viele sind älter als er, Mitte 20. Doch er, er ist der Frechste, der Kaltblütigste von allen. Sein großes Idol ist Al Capone, der meistgesuchte Mann Amerikas. Dessen Leben fasziniert Werner Gladow und seinen Freund Werner Papke.

Unmittelbar bevor die beiden eine Bande gründen, unternehmen sie einen Selbstversuch. Papke geht am helllichten Tage in ein Fotogeschäft und klaut dort eine teure Kamera, eine Contax. Stolz präsentiert er Gladow seine Beute. Doch was ist das in Gladows Augen schon? Ein dummer Jungenstreich, ein kleiner Diebstahl, gar nichts. Mit solchen Kinkerlitzchen will sich Werner Gladow nicht abgeben. Er zeigt Papke, was er meint. Sie ziehen wieder in die Rankestraße zu dem Fotogeschäft. Doch Gladow macht sich nicht einmal die Mühe, den Laden zu betreten. Mit dem Ellenbogen schlägt er die Scheibe ein. Das Erste, was er zu fassen bekommt, ist das Stativ einer Leica. Dass dieses Stativ ohne die passende Kamera keinen Sinn macht, ist Gladow egal. Im Laden kommt es zu einem Tumult. Zwei Männer kommen heraus. Gladow flüchtet, die Männer verfolgen ihn. Hinter den Mauerresten einer Ruine findet er Deckung. Dann zieht er eine Pistole heraus und feuert. Einer der beiden Männer bricht getroffen zusammen. Der andere flieht in Panik. „So, Papke, darum geht es! Nicht darum, irgendetwas mitgehen zu lassen.“

Berlin ist in den ersten Jahren nach Kriegsende eine Trümmerlandschaft. Gleichzeitig ist es für Kinder und Jugendliche ein einziger Abenteuerspielplatz, für Kriminelle ist es das Paradies.

Nicht nur äußerlich ist Berlin eine Ruine, auch seine inneren Strukturen müssen erst mühsam wieder aufgebaut werden. Die Stadt ist in vier Sektoren aufgeteilt, es herrscht der Kalte Krieg. Verbrecher müssen einfach nur zwischen den Ost- und Westsektoren wechseln, um der Strafverfolgung zu entgehen.

Werner Gladow ist beides: Jugendlicher und Krimineller. Doch ihm reicht es nicht, am Alex Schwarzhandel zu betreiben oder den ein oder anderen armen Habenichts auszurauben. Ihm schwebt da schon Größeres vor. Er braucht fachmännische Hilfe.

Die findet er in seiner direkten Nachbarschaft, in der Gabelsbergerstraße. Dort wohnt Gustav Ludwig Völpel. Er geht so langsam auf die 50 zu und ist ein großartiger Erzähler. Was er so genau macht, weiß keiner, denn er macht immer nur Andeutungen. Er arbeite für die obersten Behörden, er könne exzellent mit einem Beil umgehen – und er habe die behördliche Genehmigung zu töten. Das macht natürlich einen ungeheuren Eindruck. In der Tat hat Völpel diese Genehmigung. Er ist 1946 zum Henker bestellt worden. Mit dem Handbeil weiß er virtuos umzugehen und benutzt es wesentlich lieber als die Guillotine. Die, so Völpel, könne auch mal klemmen, und dann werde es eine sehr qualvolle Angelegenheit für den Delinquenten. Sein Beil dagegen träfe immer und versage nie den Dienst. Doch Völpel ist nicht wegen seiner geheimnisvollen Geschichten von hohem Interesse für Gladow. Völpel kennt auch alle und jeden, der mysteriöse Staatsbedienstete hat ausgezeichnete Verbindungen ins Milieu. Da Gladow Profis braucht, wendet er sich mit seinem Vorhaben, eine Bande nach Al Caponeschem Vorbild zu gründen, vertrauensvoll an den Nachbarn aus Friedrichshain. Der enttäuscht ihn nicht. Bald schon wächst die Bande an: Wilhelm Meißner (Autoschlosser, 22), Fritz Unger (Gelegenheitsarbeiter, 22), Olaf Wellnitz (Schlosser, 24) und Gerhard Rogasch (Motorenschlosser, 24) schließen sich dem 17-Jährigen an. Sie haben alle eines gemeinsam: Sie sind vorbestraft.

In Gladows Augen ist Verbrechertum keine Entschuldigung für schlechte Kleidung. Er legt Wert darauf, möglichst schick an den Orten des Verbrechens aufzutauchen. Anzug und weiße Krawatte sind das Mindeste, was ein stilvoller Verbrecher seinem Opfer schuldig ist.

Nun könnte die Verbrecherlaufbahn eigentlich beginnen, doch jetzt wird ihm klar, dass er seine Mitstreiter auch noch bewaffnen muss. Das ist im Nachkriegsberlin nicht besonders schwer, denn hier wimmelt es von Waffen und vor allem von Bewaffneten. Die Stadt ist durchsetzt mit Militär und Sicherheitskräften. Am einfachsten besorgt man sich doch die Knarren von denen.

Die Bande beginnt zunächst damit, nachts Streifen der Volkspolizei im Ostsektor der Stadt zu überfallen. Die Vorgehensweise ist stets die gleiche. Wenn die Vopos ein Fahrzeug aus dem Westen kontrolliert haben, springen Gladows Männer hinter dem Wagen hervor, rauben den Beamten mit Blendlaternen die Sicht, bedrohen sie und nehmen ihnen dann die Waffen ab. Nicht ein einziges Mal haben die Vopos auch nur einen Versuch unternommen, sich gegen die Bande zu wehren, so überrascht sind sie immer. Es ist also nicht ganz verwunderlich, dass die Gladow-Bande – zumindest im Westteil der Stadt – bald einen sehr guten Ruf hat, der irgendwo zwischen Robin Hood und Wilhelm Tell liegt. Doch um den guten Ruf geht es Werner Gladow gar nicht. Er ist bereit, sein Operationsgebiet bald auch auf den Westen der Stadt auszudehnen.

Gut ausgerüstet mit Waffen der Volkspolizei geht es an den Bahnhof Zoo. Hier, unweit vom Kurfürstendamm, statten die „Weißen Krawatten" einem Juwelier einen Besuch ab. Bei dem gewalttätigen Überfall erbeuten Gladow und seine Bande in erster Linie Schmuck und Uhren. Juweliere sind jetzt das bevorzugte Ziel. Die Waffe sitzt immer locker und die jungen Ver-

Die Polizeikaserne zwischen Columbiadamm und Jüterboger Straße war bis 1952 Sitz des Westberliner Polizeipräsidenten und befindet sich vis-a-vis zum Rollfeld des ehemaligen Zentralflughafens Tempelhof. *(Foto: Peter Ehrentraut)*

brecher sind bereit, jederzeit zu schießen – vor allem, wenn Widerstand in der Luft liegt. Den leistet der Juwelier Schneider. Er wird den Überfall nicht überleben.

Zum ersten Mal hat die Gladow-Bande getötet; es war nur eine Frage der Zeit gewesen. Nun schlägt die Stimmung im Westteil der Stadt langsam um, denn man begreift jetzt auch dort so langsam, dass es sich bei den jungen Männern im edlen Zwirn um eine gefährliche, kaltblütige Verbrecherbande handelt.

Im kalten Winter 1948/49 hat auch der Kalte Krieg seinen Höhepunkt erreicht. Westberlin wird seit dem Juni 1948 von der Sowjetunion blockiert und nun tagein tagaus von einer nichtabreißenden Kette von amerikanischen Flugzeugen versorgt. In jenen Tagen liefern sich die Stadtkommandanten des amerikanischen und sowjetischen Sektors einen Kleinkrieg. Jedes Mal, wenn eine Maschine in Tempelhof landet, tobt der sowjetische Stadtkommandant General Kotikow, während der amerikanische Oberst Howley triumphiert. Vis-a-vis zum Rollfeld des Flughafens Tempelhof steht die ziegelrote Polizeikaserne. Dort sitzt der Westberliner Polizeipräsident Dr. Stumm und rätselt, was er gegen diese Bande nur unternehmen kann. Denn wenn Gladow und seine Kumpanen meist mit größerem Getöse gerade wieder ein Ding gedreht haben und ihnen die Westpolizei auf den Fersen ist, dann verschwindet die Bande ganz schnell nach Ostberlin. Dorthin dürfen ihnen Dr. Stumms Beamten wegen der Sektorengrenzen nicht folgen. Dr. Stumm weiß ganz genau, dass er seinen Ostberliner Kollegen Gyptner, der im Polizeipräsidium in der Neuen Königstraße für die Gladow-Bande zuständig ist, gar nicht erst anzurufen braucht, jedenfalls nicht solange die Flugzeuge nebenan im Minutentakt starten und landen. Dabei weiß Dr. Stumm genau, dass Richard Gyptner auf der anderen Seite noch viel größerem Druck ausgesetzt ist.

Der wird auch nicht geringer, als Unter den Linden eine edle Limousine geklaut wird. Der Fahrer, ein Mann namens Alte, wird kaltblütig erschossen und im Rinnstein liegengelassen. Bei der noch jungen SED schrillen alle Alarmglocken. Alte war der Fahrer eines hohen Gewerkschaftsfunktionärs und der Mord geschah just zu einem Zeitpunkt, da die Eisenbahner streikten. An die Gladow-Bande denkt in diesem Moment niemand. Die Mordwaffe ist aber eine Dienstwaffe der Volkspolizei. Alle möglichen Verdächtigungen und Verschwörungstheorien machen die Runde. Ohne dass das Doktorchen dies beabsichtigt hätte, haben die Taten seiner Bande jetzt sogar eine politische Dimension erreicht.

Gladow geht es nicht um die Politik, er denkt pragmatisch. Er ist der Meinung, dass ein großes repräsentatives Fluchtfahrzeug der Krawattenbande gut anstünde. Dies vor allem, wenn es noch schneller ist als die Einsatzwagen der Sicherheitskräfte. Doch zunächst muss das auffällige Gefährt aus der Stadt geschafft werden. Es geht hinaus an den Müggelsee, um es im nahen Wald zu verstecken. Doch die Autodiebe haben nicht mit dem weichen märkischen Sand gerechnet. Als sie den Wagen ins Unterholz schieben, bleibt er stecken. Die Gladow-Bande ist also weiterhin ohne fahrbaren Untersatz.

Doch dieser Mangel soll sie nicht daran hindern, weitere Beutezüge zu unternehmen. Inzwischen ist die Gruppe beträchtlich angewachsen. Franz Redzinski alias „Bomme“ vom Alexanderplatz ist dazugekommen. Im Jargon des Alexanderplatzes bedeutet „Bomme“ Kopf; er ist der Mann fürs Grobe: Er schlägt gezielt Köpfe ein.

Als sich Dietrich Bola mit seinen zarten 20 Jahren der Bande anschließt, muss er eine Aufnahmeprüfung ablegen. Er soll ein Juweliergeschäft am helllichten Tage ausrauben – unter den Augen seiner gestrengen Komplizen.

Wie viele am Ende tatsächlich der Bande angehört haben,

lässt sich schwer sagen. Zwischen 22 bis 27 sagen die einen Quellen, andere sprechen von bis zu 100, der harte Kern umfasste rund zehn Personen.

Die Opfer der Gladow-Bande sind bei Weitem nicht alle reich. Wenn es sich nicht vermeiden lässt, und damit man in Übung bleibt, werden dann und wann auch kleine Schwarzmarkthändler überfallen und beraubt. Auf einem Rummel will ein Schiffschaukelkassierer seine Einnahmen nicht herausrücken. Sie schießen ihn vor seinem Wohnwagen brutal nieder. Der Mann überlebt, bleibt aber Zeit seines Lebens behindert.

Der Weg vom einfachen Arbeiterbezirk Friedrichshain hinaus in die vornehme Villengegend von Dahlem ist in jeder Beziehung weit. Genau dort liegt nun Werner Gladows nächstes Ziel. Wer nach dem Krieg noch über eine intakte Villa in Dahlem verfügte, dem ging es auch in Blockadezeiten nicht ganz so schlecht. Werner Gladow ist klar, dass es in diesen Villen einiges zu holen gibt. Er schaut sich das Anwesen der Geschäftsfrau Purschian aus, die 59-jährig alleine mit ihrem Hund in der großzügigen Villa lebt. Eines Nachts tauchen die Herren mit den weißen Krawatten vor ihrer Villa auf und versuchen einzudringen. Von unten gelingt es ihnen nicht. Schnell wird klar, sie brauchen eine Leiter. Auf dem Grundstück von Frau Purschian ist nichts zu finden. Sie suchen auf dem Nachbargrundstück. In dem dazugehörigen Haus bemerkt niemand etwas. Auch der Herr des Hauses schlummert selig. Es ist übrigens kein geringerer als der Polizeipräsident Dr. Stumm, der so leidenschaftlich nach der Bande fahndet. Die erste Beute, über die sich die Einbrecher hermachen, sind die Kirschen, die Frau Purschian eingemacht hat und die ihnen vorzüglich schmecken. Dann wenden sie sich ihrem Opfer zu. Zu dritt stehen sie plötzlich im Schlafzimmer. Die verängstigte Frau schreit wie am Spieß. Der Hund tut es ihr nach. Beide werden von Bomme mit einem kräftigen Schlag zum Schweigen gebracht. Nun kann das Haus in aller Ruhe untersucht werden. Als sie zum Schluss vollbeladen mit der Beute wieder bei Frau Purschian am Bett erscheinen und sie langsam wieder aus der Ohnmacht erwacht, präsentieren sie ihr eine kleine Pistole, die sie im Haus gefunden haben. Die Frau wird ermahnt: „Waffenbesitz ist strafbar."

Danach werden sie wieder im Osten aktiv. Dieses Mal ist der Kaufmann Broscheit in der Frankfurter Allee an der Reihe. Zu viert überfallen sie ihn in seinen Geschäftsräumen. Der zeigt sich deutlich weniger furchtsam als Frau Purschian. Hartnäckig verrät er sein Geldversteck nicht. Gladow droht, ihm mit einem Dolch die Nase abzuschneiden, doch die Drohung verfehlt ihr Ziel. Doktorchen wird klar, dass er bei diesem harten Brocken zu anderen Mitteln greifen muss. Broscheit werden Schuhe und Socken ausgezogen und er wird mit nackten Füßen über eine Heizsonne gelegt. Zur Untermauerung ihrer Forderung entfacht die Bande noch ein richtiges Feuer, auf dem der Geschäftsmann brutzeln soll. Doch der denkt nicht daran, auch nur einen Mucks zu sagen. Da fällt Gladow ein, dass ihnen außer Broscheit auch noch seine Geschäftsführerin in die Finger gefallen ist. Das diese den Schmerzen auch so stoisch widerstehen kann wie ihr Chef, hält der Bandenführer für unwahrscheinlich. Also wird sie gefoltert. Nach wenigen Minuten wissen Gladow und seine Leute, wo das Geld versteckt ist.

Die Beute ist üppig, so wie der Lebensstil der „Weiße-Krawatten-Bande". Lang hält die Beute nie, so groß sie auch sein mag. Wenn das Geld zu Ende geht, dann müssen immer wieder auch „kleine Leute" daran glauben. Diesmal geht es nach Kaulsdorf in eine Kneipe. Ein paar Gäste sind gerade damit beschäftigt, Skat zu spielen, als plötzlich die Gladow-Bande auf der Matte steht und die Skatkasse haben will. Die einzige, die mit einem Stock den Räubern entgegentritt, ist die Wirtin selbst. Sie wird einfach niedergeschossen.

Dass Gladow und seine Bande in der kurzen Zeit ihrer Tätigkeit so ausgesprochen erfolgreich sein können, liegt auch an Gustav Ludwig Völpel. Noch immer weiß niemand, dass er von Beruf Scharfrichter ist. Er versorgt die Bande stets mit neuen Informationen, wo was zu holen ist. Dafür streicht Völpel auch zehn Prozent des Gewinns ein. Für Völpel hat sich die Verbindung zu Gladow gelohnt, umgekehrt auch. Nun wird Völpel allerdings zum Schicksal des jungen Verbrecherkönigs.

In Tempelhof haben die Flugbewegungen deutlich nachgelassen. Die Blockade ist vorbei. Der sowjetische und der amerikanische Stadtkommandant sind des Streitens müde. In der Polizeikaserne an der Friesenstraße ist es deutlich ruhiger geworden. Nun endlich kann sich Dr. Stumm mit den Kollegen im Osten der Stadt in Verbindung setzen, um dem Spuk ein Ende zu setzen. Endlich werden Spuren und Erkenntnisse ausgetauscht und langsam zieht sich die Schlinge um den Hals der Bande zu.

Völpel, der gerne mal den einen oder anderen Fischzug alleine unternimmt, geht der Polizei als Erster ins Netz. Er kommt nach Moabit in Untersuchungshaft. Der Henker zeigt sich ausgesprochen gesprächig. Fast scheint es so, als spräche er mit der Polizei von Kollege zu Kollegen. Doch weit gefehlt. Obwohl in dieser Zeit das Wort Datenschutz noch nicht existiert, ist es selbstverständlich, dass die Anonymität eines Scharfrichters gewahrt wird. Doch Völpels Profession sickert nun ganz schnell durch. Er beschwert sich darüber – ohne Erfolg. Die Tipps, die die Polizei benötigte, um die Bande dingfest zu machen, hat sie schon bekommen.

Es ist der 3. Juni 1949, morgens um halb neun. Die Ostberliner Polizei hat fünf Beamte aufgeboten, um den 18-jährigen Bandenchef zu verhaften; Kopf des Kommandos ist ein Kriminalrat. Sie klopfen an der Wohnungstür der Eltern Gladows in der Schreinerstraße unweit der Samariterkirche. Der etwa 50-

jährige Vater öffnet in Filzpantoffeln und Unterhemd. Die Frage, ob er der Mieter der Wohnung sei, verneint er. Dann fragen sie nach seinem Sohn Werner, und nun überstürzen sich die Ereignisse. Die Mutter Gladows springt hervor und ruft: „Kriposchweine!“ Sie stürzt in ein angrenzendes Zimmer, wo ihr Sohn Werner gerade auf einem Sofa döst und verschließt die Tür. Die Polizei sprengt das Schloss. Werner Gladow reagiert schnell, schnappt sich zwei Pistolen und beginnt, auf die eindringenden Polizisten zu schießen. Es ist der Auftakt eines einstündigen Feuergefechtes. Im Stile amerikanischer Revolverhelden schießt Werner Gladow mit zwei Pistolen, in jeder Hand eine. Er trifft einen Beamten ins Bein und auch sein Vater erleidet einen Beinschuss. Gladow will über den Hof fliehen, doch das Haus ist umstellt. Egal wo er hinwill, überall pfeifen die Kugeln um ihn herum. Er wird zweimal getroffen. Angeblich wird er ohnmächtig, als er sein blutverschmiertes Gesicht im Spiegel sieht. Wahrscheinlicher ist jedoch, dass ihn der Blutverlust so geschwächt hat, dass er das Bewusstsein verlor.

Nun ist der meistgesuchte Verbrecher der Blockadezeit endlich gefasst. Es dauert einige Zeit, bis alle Delikte zusammengetragen sind, die man Werner Gladow und seinen Mitstreitern vorwirft. Nicht weniger als 352 Straftaten werden der Bande zur Last gelegt, bisweilen waren es zwei an einem Tag. Der Staatsanwalt zählt 127 schwere Verbrechen, 15 Mordversuche und zwei Morde.

Im Frühjahr 1950 wird der Bande der Prozess gemacht. Der Andrang vor dem Gerichtsgebäude in der Linienstraße ist riesig. Schwarzhändler verhökern sogar Platzkarten. Hundertschaften haben die Angeklagten vom Gefängnis bis in den Gerichtssaal eskortiert. Der Prozess ist eine Sensation.

Auch Gustav Ludwig Völpel sitzt auf der Anklagebank. Er schreit und lamentiert, weil er als Scharfrichter geoutet wurde. Völpel wird für sieben Jahre hinter Gitter wandern.

Werner Gladow weiß, was er seinem zahlreich erschienenem Publikum schuldig ist. Er prahlt: „Die Bande war jetzt so prima im Schuss. Siebzehn dicke Sachen klappten nacheinander wie am Schnürchen. Ich hatte noch ganz andere Sachen vor." Er gibt auch preis, was sonst noch so geplant war. Überfälle auf Banken und vor allem auf die Kasse der GASAG, der Berliner Gasbetriebe.

Vielen Angeklagten droht die Todesstrafe. Beim Bandenführer Werner Gladow ist die Sache knifflig. Er war eindeutig Jugendlicher, als er die meisten Straftaten beging. Für ihn müsste das Jugendstrafrecht herangezogen werden. Doch das Gericht zaubert einen Paragrafen hervor, in dem es heißt, ein Jugendlicher könne dann nach Erwachsenenstrafrecht verurteilt werden, „wenn die Gesamtwürdigung seiner Persönlichkeit und seiner Tat ergibt, dass er ein charakterlich abartiger Schwerverbrecher ist und der Schutz des Volkes diese Behandlung fordert". Der Paragraf stammt noch von den Nazis.

Das Urteil kann härter nicht sein. Gladow erhält die Todesstrafe. Und damit auch keine Irritationen auftreten, wird er gleich dreimal zum Tode verurteilt. Der quittiert den Urteilsspruch kess wie immer: „Wissense, Herr Richter, die dreifache Todesstrafe, einmal lass ick mir det ja jefallen, die Birne abhauen, aber det andere beede Mal würde ick sagen, det is Leichenschändung."

Doch er ist nicht der Einzige, der aufs Schafott muss. „Der Lange", Kurt Gaebler (25) und „Kurzer Seppl", Gerhard Rogasch (26) sollen ebenfalls unter dem Fallbeil sterben. Werner Papke entgeht dem Fallbeil, weil er noch nicht volljährig ist. (Er wird später erfolgreicher Boxtrainer, der von seinen Schützlingen wegen sexuellen Missbrauchs angezeigt wird.) Insgesamt werden zwölf Mitglieder der Bande verurteilt, alle zu erheblich langen Freiheitsstrafen.

Die Todesurteile werden nicht in Berlin vollstreckt. Man bringt die Delinquenten nach Frankfurt an der Oder. Inzwischen gibt es einen anderen Scharfrichter – Völpel sitzt ja selbst im Gefängnis. Er hätte das Handbeil vorgezogen, weil das ja nie versagt. Doch Gladow soll unter der Guillotine sterben.

Der 19-jährige Werner Gladow wird auf die Bank gelegt, mit dem Kopf voran im Gestell. Das Fallbeil saust hernieder und bleibt im Hals des stämmigen jungen Mannes stecken. Er schreit auf, die Schmerzen sind unerträglich. Noch einmal wird das Fallbeil hochgezogen. Wieder gelingt es nicht, das Genick zu durchtrennen. Der anwesende Staatsanwalt verliert bei dem grausamen Spektakel das Bewusstsein. Erst beim dritten Versuch fällt der Kopf.

Werner Gladow

(Foto: Polizeihistorische Sammlung)

VERFAHREN NACH 46 JAHREN EINGESTELLT

von Jens Inti Habermann

Berlin-Steglitz anno 1945. Der April neigt sich dem Ende, der Krieg auch. Russisches Geschützfeuer ist schon aus der Nähe zu hören und weite Teile der Hauptstadt sind bereits besetzt, als die Kreisleitung 3 der NSDAP unter der Führung von Wilhelm Scheer ihr letztes Verbrechen begeht: Auf dem Hof der Markus-Schule in der Karl-Stieler-Straße werden nach und nach einige russische Kriegsgefangene, „Fremdarbeiter" und Kriegsgegner zusammengetrieben. Sie werden erschossen und verscharrt.

Knapp acht Wochen später werden im inzwischen gänzlich befreiten Berlin die Ermittlungen durch das Amtsgericht Steglitz eingeleitet. Anfang Juni 1945 finden sich am Ort des Geschehens Oberstaatsanwältin Hilde Benjamin, der Amtsgerichtsdirektor und eine Protokollführerin ein. Auf dem Hof der Schule waren zuvor fünf Leichen ausgegraben worden, denen gilt nun die „Einnahme des richterlichen Augenscheins". Wenige Tage später begeben sich auch Ermittler der Kriminalpolizei und sowjetische Offiziere in die Karl-Stieler-Straße. Weitere „Gräber" werden entdeckt. Einige der Toten können schnell identifiziert werden. Darunter befinden sich die Leichen der Steglitzer Otto Bahn, Vater und Sohn Ettlich und Konditor Eberhard Köppler. Ferner wird der Körper eines russischen Offiziers namens Pawleff Wetjeslaw ausgegraben, auch war der stellvertretende Zugführer eines Volkssturmzuges, Herbert Lessing, nicht verschont geblieben. Wahrscheinlich waren es zwischen 80 und 180 Menschen, die hier im Zuge des letzten Aufbegehrens der Schreckensherrschaft gegen die herannahenden Besatzungsmächte zu Tode kamen, darunter auch einige Frauen. Der zuständige Amtsarzt Walter Seitz stellt unterschiedliche Todesursachen fest. In seinem Gutachten schreibt er: „Nur ein Teil

Auf dem Schulhof der Markus-Schule in Berlin-Steglitz kamen in den letzten Apriltagen des Jahres 1945 zwischen 80 und 180 Menschen auf entsetzliche Weise ums Leben. (Foto: Peter Ewertz)

der Genickschüsse ist exakt ausgeführt. Bei dem anderen Teil sind die Schüsse nicht genau in einer ruhigen Exekution abgegeben worden, sondern die Tötung erfolgte in Hast." Einige der Opfer kamen durch „Einwirkung von stumpfen Gegenständen" oder Schüsse durch Herz und Atemwege ums Leben. Nach Abschluss der ärztlichen Untersuchung werden die Leichen der sowjetischen Soldaten auf den russischen Parkfriedhof in Lichterfelde gebracht, die übrigen Toten auf dem Friedhof Bergstraße zu Grabe getragen.

Bis in den Dezember des Jahres 1946 hinein werden Zeugen gehört, Ermittlungen geführt und auch sonst nach außen hin korrekt agiert. Die Aktivitäten zur Aufklärung der „illegalen Morde" brechen jedoch plötzlich ab, obwohl bereits ein dringender Tatverdacht gegen zwei ehemalige Mitglieder der Kreisleitung 3 der NSDAP, Fritz T. und Hans R., besteht. Während der anschließenden zwölf Jahre scheint Gras über die Sache zu wachsen.

Vielleicht konnten die Steglitzer Morde aus folgenden Gründen in den Hintergrund geraten: Oberstaatsanwältin Hilde Benjamin arbeitete zunehmend an ihrer eigenen Karriere (und wurde später Justizministerin der DDR, wobei sie wegen ihrer mitunter sehr harten Urteile als „Rote Guillotine" beziehungsweise „Blutige Hilde" in die Rechtsgeschichte einging). Außerdem mag die allgemeine Entwicklung Berlins nach 1946 bis in die 1950er-Jahre hinein tatsächlich derart aufregend gewesen sein, dass die Justizbeamten laufende, aber weniger „spannende" Verfahren darüber hinaus schlichtweg vergaßen. Vielleicht spielte aber auch die Einflussnahme von hochrangigen Persönlichkeiten eine wesentliche Rolle. Erst als der Steglitzer Dieter Sternweiler im Jahre 1958 den Fall öffentlich in Erinnerung ruft, wird die Justiz wieder aktiv. Nunmehr richten sich die Ermittlungen gegen drei Personen. In den Akten taucht zusätzlich zu den bereits 1946 verdächtigten aber bislang verschont gebliebe-

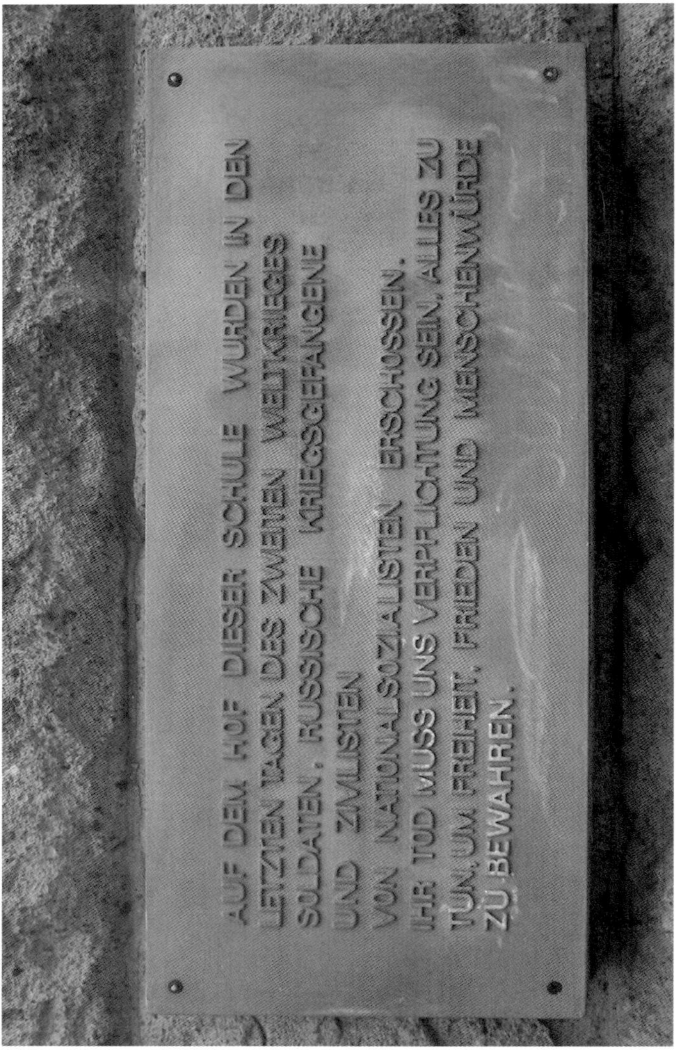

Diese Tafel zur Erinnerung an die Morde wurde erst im Jahre 1985 am Haupteingang der Markus-Schule in Berlin-Steglitz angebracht. (Foto: Peter Ewertz)

nen Fritz T. und Hans R. der Name Wilhelm Scheer auf. Der Ex-Kreisleiter Wilhelm Scheer ist jedoch bereits für tot erklärt worden. Dafür wird Hans R. endlich festgenommen und zur Untersuchungshaft nach Moabit gebracht. Knapp vier Wochen später wird R. jedoch mangels Beweisen wieder auf freien Fuß gesetzt, da ein „Belastungszeuge" plötzlich zugunsten des Angeklagten aussagt. Das Verfahren gegen ihn wird endgültig eingestellt. Über Fritz T., der seinerzeit auch als „der Henker", „der Schlächter" oder „der Einarmige" bedacht wurde, trägt die Staatsanwaltschaft nun etliche Informationen zusammen. So ist den Beamten neben dem Umstand, dass Fritz T. aufgrund einer Kriegsverletzung Schwierigkeiten mit einem Arm hat und immer einen Lederhandschuh trägt, auch der Wohnort des vermeintlichen Delinquenten bekannt. Dieser befindet sich jedoch in der DDR. Und das ist offenbar ein schwerwiegendes Problem: Obwohl gegen T. im August 1959 Haftbefehl wegen Mordverdachts ergeht, will der zuständige Oberstaatsanwalt nicht handeln. Denn möglicherweise würden „die Justizbehörden der Sowjetzone einem solchen Ersuchen nicht stattgeben und von sich aus ein Verfahren wegen Mordes einleiten. In diesem Falle wäre nicht ohne Weiteres die Gewähr dafür gegeben, dass gegen den Beschuldigten ein rechtsstaatlichen Grundsätzen entsprechendes Strafverfahren durchgeführt werden würde. Es erscheint zwar im Hinblick auf die Schwere der Straftaten des Beschuldigten unbillig, dass er aus diesen Gründen nicht seiner gerechten Bestrafung zugeführt werden kann. Die Vorschriften des Freiheitsschutzgesetzes dürften diesen Bedenken jedoch entgegenstehen."

Im Februar 1960 schlägt der Justizsenator vor, „dass der Beschuldigte in einem Brief mit neutralem Umschlag, handgeschriebener Adresse und privatem Absender zu einer verantwortlichen Vernehmung geladen wird. In der Aufforderung werden die ihm vorgeworfenen strafbaren Handlungen in unverfäng-

Auf dem Friedhof in der Steglitzer Bergstraße finden sich innerhalb der beiden Kriegsgräberkomplexe kommentarlos auch einige Namen derer, die Ende April 1945 in der Karl-Stieler-Straße erschossen worden sind. (Foto: Jens Inti Habermann)

licher Weise zu umschreiben sein". Bei den westlichen Ermittlungsbehörden soll dann „der gegen ihn bestehende Verdacht geprüft" und im Falle seines Fernbleibens ein „Zulieferungsersuchen" an die Behörden der Sowjetischen Besatzungszone (SBZ) gerichtet werden. Sollte die Bitte, den Verdächtigen an Westberlin zu überstellen auf Ablehnung stoßen, müsse die Mitwirkung der Westjustiz an einem möglichen in der SBZ eingeleiteten Verfahren von dem „Verzicht auf die Vollstreckung einer etwa verhängten Todesstrafe" abhängig gemacht werden... Solche Ideen werden von der Staatsanwaltschaft nicht befürwortet, da jener Brief in falsche Hände geraten und dies „zu unerfreulichen Angriffen gegen die Justizverwaltung in Westberlin führen" könnte. Allerdings findet von März bis Dezember des Jahres 1962 eine offizielle gerichtliche Voruntersuchung gegen Fritz T. statt, wobei alle Zeugen durch einen Untersuchungsrichter ordentlich gehört werden. Anschließend wird das Verfahren eingestellt, da laut Staatsanwaltschaft „kein hinreichender Tatverdacht" besteht.

Das sieht jemand im Sommer 1970 ganz anders und T. wird zur Festnahme ausgeschrieben, der Fall jedoch nicht an die zuständigen Behörden der DDR übergeben. Erst achtzehn Jahre später – die Todesstrafe in der DDR war bereits seit mehreren Monaten abgeschafft – wird entschieden, die Angelegenheit „nach drüben" zu geben. Dazu kommt es aber nicht, da der letzte mögliche Belastungszeuge verstirbt und die Verfahrensabgabe vonseiten der Staatsanwaltschaft nun doch nicht mehr für sinnvoll erachtet wird. Im Juli 1989 richtet diese Anwaltschaft dann an das Landgericht den Antrag, das Verfahren zwecks endgültiger Einstellung wieder aufzunehmen. Plötzlich jedoch fällt die Mauer und alle Gründe, Fritz T. unbehelligt zu lassen, fallen somit weg. Auf eine entsprechende Anfrage des Berliner Landeskriminalamts trifft Mitte November ein Telex aus Neuruppin ein. Es wird „durch vpka neuruppin...mit fs nr. 66 vom 13.11.1990 folgendes Ermittlungsergebnis mitgeteilt: o.g. ist am 21.3.1975 verstorben..."

LANDET OOCH IN TEMPELHOF

von Peter S. Kaspar

Berlin 2009. Der Flughafen Tempelhof im Herzen Berlins ist geschlossen, die Mauer längst gefallen. Doch kein Flughafen der Welt hat während des Kalten Krieges eine so herausragende Rolle gespielt wie der einstige City-Airport. Natürlich wird THF, so der frühere IATA-Code des Flughafens Tempelhof, in erster Linie mit der Luftbrücke während der Berlin-Blockade 1948 bis 49 verbunden.

Etwas weniger bekannt ist die Tatsache, dass der Flughafen einst ein ganz besonders beliebter Landepunkt für Flugzeugentführer war. Vor allem Maschinen aus Polen steuerten häufig unfreiwillig den Stadtflughafen an. Der Berliner wusste ganz genau, wofür die Abkürzung LOT der polnischen Fluggesellschaft stand: „Landet ooch in Tempelhof". Bis zum Jahr 1987, also zwei Jahre vor dem Mauerfall, wurden aus Polen 16 Maschinen nach Berlin entführt, die meisten landeten in Tempelhof.

Die Entführungen waren so häufig, dass sich allmählich ein routinemäßiges Procedere entwickelte, wie mit den Passagieren umgegangen wurde. In aller Regel wurden sie mit dem Bus nach Schönefeld gebracht, was normalerweise das reguläre Ziel der Maschinen war. Trotzdem erregte ein Fall ganz besonders großes Aufsehen, weil er zu einem außergewöhnlichen Tauziehen zwischen der Bundesregierung, der amerikanischen Regierung, dem Berliner Senat und den amerikanischen Kontrollbehörden in Berlin führte.

Dabei wäre die Sache vielleicht ganz anders ausgegangen, wenn sich die 35 Jahre alte Ingrid Ruske damals nicht einer Freundin anvertraut hätte. Damals, das war 1978. Es war das Jahr nach der spektakulären Flugzeugentführung der „Landshut". Vier palästinensische Terroristen hatten im Herbst 1977 die Lufthansamaschine in ihre Gewalt gebracht, um die in Stammheim inhaftier-

Im November 2009 ist der geschichtsträchtige Flughafen Tempelhof bereits seit etwas über einem Jahr geschlossen. Die ehemals für den Flugbetrieb genutzten Räumlichkeiten am Platz der Luftbrücke sowie das große Areal dahinter bleiben bislang weitestgehend ungenutzt. *(Foto: Peter Ehrentraut)*

ten Mitglieder der RAF freizupressen. Nach einem mehrtägigen Irrflug durch den Nahen Osten endete die Entführung schließlich mit der Stürmung der Maschine in Mogadischu durch die GSG9, die Antiterrorismuseinheit „Grenzschutzgruppe 9“ des damaligen Bundesgrenzschutzes.

Doch die junge Ingrid Ruske denkt im Spätsommer ein Jahr danach an alles andere als an Mogadischu. Die Kellnerin aus Ostberlin hat sich verliebt. Was die Sache schwer macht: Ihr Angebeteter Horst Fischer kommt aus Hamburg. Eine Zukunft in der DDR können sich beide nicht vorstellen. Sie entwickeln einen Plan: Vom polnischen Danzig aus soll es mit der Fähre ins bundesdeutsche Travemünde gehen. Dafür benötigt Ingrid allerdings einen falschen Pass. Horst hat eine Idee. Eine Bekannte, die Ingrid verblüffend ähnlich sieht, soll einfach einen neuen Pass beantragen. Den will er nach Polen schmuggeln und einer gemeinsamen Fahrt in den goldenen Westen steht dann nichts mehr im Wege.

Doch leider hat sich Ingrid offensichtlich der falschen Person anvertraut. Horst wird auf der Fahrt nach Polen an der Grenze in Frankfurt/Oder festgenommen. Der Vorwurf: Fluchthilfe.

In Danzig wartet Ingrid mit ihrer zwölf Jahre alten Tochter und dem Bekannten Detlef Tiede. Der hat schon vergeblich sieben Ausreiseanträge gestellt und will ebenfalls aus der DDR flüchten. Er ist bereits im Besitz von falschen Papieren. Nun hängt alles von Ingrids falschem Ausweis ab. Doch sie warten vergeblich auf die Ankunft von Horst. Die Abfahrtszeit der Fähre rückt immer näher. Was sie nicht wissen: Sie werden von polnischen Sicherheitskräften im Auftrag des Ostberliner Ministeriums für Staatsicherheit (MfS) observiert. Warum die Bruderhilfe jedoch nicht eingreift, ist rätselhaft und wird später noch für einige Missstimmung zwischen den beiden Staaten sorgen.

Der Sitz des Polizeipräsidenten gehört zum großen Gebäudekomplex, in das auch der Flughafen Tempelhof integriert war. 1952 war der damalige Westberliner Polizeipräsident aus seinem Sitz in der unweit gelegenen Polizeikaserne an der Friesenstraße hierher gezogen. (Foto: Peter Ehrentraut)

Die Fähre legt ohne die verhinderten Flüchtlinge ab. Die schmieden inzwischen einen neuen Plan. Auf einem Flohmarkt finden sie eine Kinderpistole mit Knallplättchen. Die kaufen sie für die junge Tochter von Ingrid, die freut sich. Auch hierbei werden sie überwacht. Die Agenten beobachten den Kauf einer Kinderpistole und denken sich nichts dabei.

Es gelingt den dreien, Tickets für den LOT-Flug nach Schönefeld am nächsten Tag zu ergattern. Noch immer halten es die polnischen Beamten nicht für nötig, einzugreifen. Warum auch? Schließlich haben die Verdächtigen ja nur einen Flug in einen sozialistischen Bruderstaat gebucht, der ganz nebenbei auch noch ihre Heimat ist. Warum also sollte man eingreifen? Die Kollegen aus Ostberlin können ihrerseits nicht tätig werden. Sie haben nicht die Befugnis, Bürger auf polnischem Gebiet festzunehmen.

Ingrid, ihre Tochter und Detlef erscheinen erst wenige Minuten vor dem Abflug, wohl auch aus dem Kalkül heraus, dass die Personenkontrollen dann eher lax sein werden. Tatsächlich sind die Beamten für die Kontrollen schon weg. Doch dann wird eine Zollbeamtin gerufen, die seit 20 Jahren ihren Dienst tut. Sie untersucht die Frau und kann nichts finden. Dann ist das Mädchen an der Reihe. Jetzt wird sie fündig – und stutzt. Sie entdeckt eine Spielzeugpistole. Doch so richtig gefährlich sieht das Ding nicht aus und die Beamtin ist auch nicht gewillt, einem kleinen Mädchen sein Spielzeug wegzunehmen. Abgesehen davon ist es schon spät, die Maschine muss raus, sonst verpasst sie ihren Slot. Kurz vor neun Uhr hebt die Tupolew 134 vom Danziger Flughafen mit Ziel Berlin-Schönefeld ab. Der Flug wird etwa eine Stunde dauern. Es ist der 30. August 1978.

Detlef wird zunehmend nervöser, je näher die Maschine Berlin kommt. Er bestellt sich in der Bordbar Schnaps. Er will sich Mut antrinken für das, was kommt. Sein Mut wäre vielleicht noch mehr gesunken, wenn er gewusst hätte, dass zwei Stasi-Offiziere in der Maschine sitzen und ihn nicht aus den Augen lassen. Einer der beiden – so geht die Legende – soll sogar als Pfarrer verkleidet gewesen sein.

Der Klang der Turbinen ändert sich. Es gibt einen kleinen, kaum spürbaren Ruck und die Maschine geht in den Sinkflug über. Das Signal zum Anschnallen leuchtet auf. Für Detlef Tiede bedeutet das Signal jedoch etwas völlig anderes. Er geht nach vorne zur Bordküche, die nun mit einem Vorhang verschlossen ist. Das ignoriert Detlef. Er dringt in die Bordküche ein, zerrt die Stewardess Ewa Przybysz an den Haaren und hält ihr schließlich einen Pistolenlauf ins Genick. Die 25-Jährige weiß nicht, mit was sie genau bedroht wird, aber es wirkt lebensgefährlich.

Tiede erweist sich als sprachbegabter Mensch. Auf Deutsch, Englisch und Polnisch erklärt er, dass der LOT-Flug entführt sei und dass er nur eine Bedingung habe: Die Maschine solle in Tempelhof landen. Die Stasibeamten sehen die Szene. Sie greifen aber nicht ein. Sie erkennen, dass der Mann etwas in der Hand hält, was eine Pistole sein könnte und eine Schießerei in einem fliegenden Flugzeug ist zu gefährlich.

Der Flugkapitän Ryszard Lukomski meldet sich um 9.35 Uhr beim Tower in Schönefeld und teilt mit, dass der Entführer in Tempelhof landen will. Doch die Flugsicherung weist die Tupolew in eine Warteschleife über Fürstenwalde, südöstlich von Berlin. Lukomski hat allerdings noch ein anderes Problem. Er ist noch nie in Tempelhof gelandet, besitzt keine Dokumentation über den Flughafen, von dem er allerdings weiß, dass er hohe Ansprüche an einen Piloten stellt. Der Airport liegt mitten im Häusermeer Berlins, die Landebahn ist knapp 2100 Meter, nicht gerade lang für eine Maschine mit den Dimensionen einer Tupolew 134. Die DDR-Behörden spielen weiter auf Zeit. In Schönefeld gehen inzwischen bewaffnete Sicherheitskräfte in Stellung, um den Entführer – sofern die Maschine doch noch in

Schönefeld landen sollte – sofort unschädlich zu machen. Flugkapitän Lukomski verlangt die Frequenz des Towers in Tempelhof. In Schönefeld resignieren sie. Der Pilot hätte nun jedes Recht, auf eine internationale Notfallfrequenz zu gehen. Die Blöße will sich die DDR aber nicht geben, gerade nicht in diesen Tagen, an denen sie mit dem Kosmonauten Siegmund Jähn den ersten Ostdeutschen im All feiert. Die ganze Welt schaut auf die DDR, da kann man solche Schlagzeilen nicht gebrauchen. Noch einmal versucht der Tower in Schönefeld, Ryszard Lukomski davon zu überzeugen, dass er doch den Ostberliner Flughafen ansteuern soll, aber der hat schon längst Kontakt mit dem nur elf Kilometer entfernten Stadtflughafen Tempelhof aufgenommen.

Dort haben die Amerikaner das Sagen. 1975 war der Stadtflughafen für den zivilen Luftverkehr geschlossen worden. Reise- und Charterverkehr wurden seitdem über Berlin-Tegel abgewickelt. Tempelhof versorgte lediglich noch die US-Streitkräfte sowie deren amerikanische Verwaltung in Berlin. Trotzdem sind die Amerikaner auf diese Fälle von Hijacking vorbereitet. Es ist schließlich nicht die erste polnische Maschine, die hier landet.

Nur wenige Entführer zogen es vor, in Tegel zu landen. Das lag daran, dass Tegel unter französischer Kontrolle stand. Die Franzosen gingen mit Flugzeugentführern in der Regel deutlich härter um, während die Amerikaner in dieser Art von Hijackern tendenziell politische Flüchtlinge sahen.

Die Maschine schwebt über den Dächern von Neukölln auf den Flughafen zu. Sie ist so tief, dass die Passagiere den Menschen an der Emser- und Oderstraße in die Wohnzimmer sehen können. Der Kapitän drosselt die Triebwerke immer weiter und immer weiter. Er weiß, dass er für die kurze Landebahn eigentlich noch immer zu schnell ist. Doch was soll er tun? Verringert er die Geschwindigkeit noch mehr, besteht die Gefahr eines Strömungsabrisses. Das heißt, die Maschine stürzt ab. Reduziert er das Tempo nicht, dann kann es sein, dass das Flugzeug über das Ende der Landebahn hinausschießt. Der Kapitän hat eine Wahl wie zwischen Pest und Cholera.

Um 10.04 Uhr setzt die Tupolew auf der Landebahn von Tempelhof auf. Viele Passagiere bemerken jetzt erst an der großen Aufschrift „Berlin-Tempelhof“, dass sie gar nicht in der DDR gelandet sind. Doch niemand ahnt, was sich im Cockpit abspielt. Flugkapitän Ryszard Lukomski kämpft. Er kämpft um sein Leben und das seiner Passagiere. Die Maschine ist zu schnell, beziehungsweise die Landebahn zu kurz. Das kann alles nicht gut gehen. Immer näher kommen die Häuser hinter dem Tempelhofer Damm, immer näher das Ende der Landebahn. Bremsklappen, Gegenschub, Bremsen – alles steht auf Anschlag. Mehr geht einfach nicht. Dann endlich, zwölf Meter vor dem Ende der Bahn, kommt die Tupolew zum Stehen.

Auch wenn die Amerikaner geneigt sind, in polnischen Flugzeugentführern eher Freiheitskämpfer als Hijacker zu sehen, so müssen sie doch zunächst die Prozeduren in Gang setzen, die für eine Flugzeugentführung gelten. Das heißt: bewaffnetes Personal in Stellung bringen, Rettungskräfte vor dem Flugzeug bereitstellen und die Flughafenfeuerwehr auffahren lassen.

Doch das ist in diesem Falle völlig unnötig. Was sich nun abspielt, hat eher den Charakter eines Rituals. Über Funk hat der Tower erfahren, dass der Entführer wohl keine Gefahr mehr darstellt und dass er relativ ruhig ist. Ein Colonel kommt zu der umstellten Maschine und fordert den Entführer auf, die Türe zu öffnen und seine Waffe abzugeben. Detlef Tiede kommt der Aufforderung ohne Zögern nach. Die Feuerleiter wird herabgelassen. Detlef Tiede steigt hinunter und wird von dem Colonel mit den Worten begrüßt: „Willkommen im freien Westberlin!“

Detlef Tiede darf noch einmal zurück in die Maschine, um Ingrid Ruske und ihre Tochter zu holen. Den 62 Passagieren ruft er zu: „Wir sind in Westberlin gelandet, weil ich hier aussteigen will. Wer hier ebenfalls aussteigen will, kommt einfach mit." Neben Ruske und Tiede steigen ein Ehepaar und eine vierköpfige Familie aus. Die übrigen Passagiere werden im Flughafen mehrere Stunden lang verhört. Dann wird ein Doppeldeckerbus gechartert, der sie zurück nach Ostberlin bringen soll. Aus der Rückführaktion wird eine zweistündige Stadtrundfahrt unter anderem über den Ku'damm und vorbei am Kaufhaus des Westens. Die „Reiseleiter" weisen immer wieder darauf hin, dass jeder, der im Westen bleiben wolle, nur auf den Halteknopf drücken müsse. Doch keiner will mehr aussteigen.

Auf dem Flughafen Tempelhof beginnen indessen die Ermittlungen gegen Detlef Tiede und Ingrid Ruske. Flugzeugentführung ist ein ernstes Verbrechen und wird von allen Ländern der Welt verfolgt. Die Amerikaner sähen es gerne, wenn der Entführer von der Berliner Justiz abgeurteilt würde. Doch die lehnt die Verantwortung überraschend ab. Das Problem ist verzwickt. Detlef, Ingrid und ihre Tochter sind Bürger der DDR. Da die Bundesrepublik und Westberlin die DDR als Staat nie anerkannt haben, beansprucht die BRD den sogenannten Alleinvertretungsanspruch für sich. Das heißt: 17 Millionen DDR-Bürger sind eigentlich Bürger der Bundesrepublik, aber sie sind hinter dem Eisernen Vorhang gefangen. Jeder, der dem Regime der DDR entkommt, hat also automatisch einen Anspruch auf einen bundesdeutschen Pass. Es ist also völlig undenkbar, dass man einen DDR-Bürger zurückschickt und zumindest schwer vorstellbar, dass er verurteilt wird, weil er geflohen ist, auch wenn dies durch eine Flugzeugentführung geschah. Und einen Prozess gegen Detlef und Ingrid würde der Senat möglicherweise politisch nicht überleben.

Es kommt noch ein anderes politisches Detail hinzu. Offiziell hat Westberlin Fluchthelfer niemals unterstützt, wenn sie illegal tätig waren (was Fluchthelfer per se sind). Tatsächlich ist dem Senat aber alles recht, was die Kollegen in Ostberlin in Verlegenheit bringt – und dazu gehört natürlich jeder gelungene Fluchtversuch. Der Senat sitzt also zwischen Baum und Borke. Einerseits ist hier ein Flugzeugentführer, der von Rechts wegen einer Strafe zugeführt werden müsste, auf der anderen Seite handelt es sich auch um einen Flüchtling aus der DDR, der juristisch unantastbar ist. Es ist gelegentlich vorgekommen, dass bei einer Flucht ein Soldat der Grenztruppen der DDR verletzt oder gar getötet wurde. Die Zahlen stehen natürlich in keinem Verhältnis zu den Opfern unter den Flüchtlingen. Dennoch gab es auch tote Grenzsoldaten. In keinem einzigen dieser Fälle ist gegen einen Flüchtling je Anklage erhoben worden. Wäre der Entführer nun ein Pole, dann wäre das alles kein Problem. Der würde eine Strafe bekommen, ein paar Monate in Moabit einsitzen und dann wegen guter Führung entlassen werden. Das alles ließe sich sehr einfach und geräuschlos regeln, doch der Entführer ist kein Pole, er ist ein Deutscher aus der DDR.

Peinlich ist die Sache auch für die Bundesregierung. Vor einem Jahr noch, nach der Entführung der „Landshut", hatte die Regierung auch international für ein deutlich härteres Durchgreifen bei Flugzeugentführungen plädiert. Und nun soll das Exempel an einem DDR-Bürger statuiert werden? Nein, das will Bonn nun auch wieder nicht.

Nun beginnt ein kurioses Spiel. Da die Berliner Behörden den Entführer partout nicht haben wollen, muss er zunächst auf dem amerikanischen Flughafen bleiben. Auch Ingrid und ihre Tochter dürfen den Flughafen nicht verlassen. Eine Welle der Hilfsbereitschaft und Spendenfreudigkeit setzt ein. Dabei fehlt es Detlef an nichts. Für die Amerikaner ist er ein Held. Er darf zwar den Flughafen nicht verlassen, aber dafür isst er jeden Tag mit den Offizieren und erinnert sich noch Jahre später daran: „So viele T-Bone-Steaks habe ich noch nie gegessen."

Während Detlef Tiede fünf Monate im Flughafen Tempelhof

bleibt, darf Ingrid mit ihrer Tochter bereits nach einigen Wochen gehen. Damit ist auch klar, Detlef gilt als Haupttäter. Hinter den Kulissen wird gefeilscht. Die Lösung findet sich schließlich in den Gesetzbüchern der Alliierten. Eine Bestimmung aus den 1950er-Jahren sieht vor, dass sie in Berlin einen „US-Court" einberufen können. Das heißt, der Entführer kann von den Amerikanern auf amerikanischem Gebiet nach amerikanischem Recht abgeurteilt werden. Die Berliner lassen sich das einiges kosten. Der Senat ist bereit, die Baukosten für den Gerichtssaal zu übernehmen, der im Abfertigungsgebäude errichtet wird. Außerdem übernehmen die Berliner auch alle anderen anfallenden Kosten. Und Berlin muss die Geschworenen stellen. Aus 500 Berlinern werden zwölf Geschworene ausgewählt. Jahre später sollte sich herausstellen, dass es der Stasi offenbar gelungen war, einen Agenten unter die zwölf Geschworenen zu schmuggeln.

Verhandeln soll den Fall der ehrenwerte Richter Herbert J. Stern aus Newark, New Jersey. Die US-Regierung erwartet von ihm eine gewisse Härte, denn unter anderem auf Druck der Bundesrepublik hin waren die USA kurz vor der Entführung einem Abkommen beigetreten, das besagt, härter gegen Luftpiraterie vorzugehen.

Zunächst klärt Stern den Fall Ingrid Ruske, was einfach ist. Zwei Monate lang hatte sie keinen Kontakt zu einem Anwalt gehabt, obwohl sie in dieser Zeit immer wieder verhört worden war. Dieser Formfehler ist so gravierend, dass es für eine Einstellung des Verfahrens reicht.

Ganz so einfach geht das bei Detlef Tiede nicht. Er zeigt sich geständig, berichtet aber auch von den Schikanen, denen er in der DDR ausgesetzt war, nachdem er sich geweigert hatte, seine diversen Ausreiseanträge zurückzuziehen. Am Ende erkennen alle Geschworenen auf einen Notstand, bis auf einen, der Stasi-Agent. Von den zahlreichen Anklagepunkten bleibt schließlich nur einer übrig: Tiede hat die Stewardess Ewa Przybycz als

Geisel genommen. Und das bringt ihm schließlich neun Monate Gefängnis ein. Fünf Monate verbrachte er bereits auf dem Flughafen Tempelhof, vier im Gefängnis Moabit in Untersuchungshaft. Richter Stern rechnet zusammen und stellt fest, dass Detlef Tiede seine Strafe bereits abgesessen habe.

Die DDR ist hell empört, die Polen sind außer sich und auch die amerikanische Regierung zeigt sich wenig begeistert von diesem Urteil. Schnell folgt die Rache der DDR. Horst Fischer, der Freund von Ingrid Ruske, der es riskiert hatte, die gefälschten Papiere nach Polen zu schmuggeln und als Fluchthelfer gefasst wurde, wird nun ebenfalls der Prozess gemacht. Er wird einen Tag nach Detlef Tiede zu acht Jahren Gefängnis verurteilt. Nun sitzt der Hamburger in einem ostdeutschen Gefängnis und seine Freundin in Westberlin.

Detlef Tiede findet seine polnische Frau wieder, die einige Jahre zuvor mit dem gemeinsamen Sohn nach Westberlin gegangen war. Sie versöhnen sich wieder, doch lange hält die wiedergefundene Liebe nicht. Dafür hat er neue Freunde gefunden, in Iowa, wo er immer wieder zu Besuch ist.

Mit Ingrid Ruske und Horst Fischer hat es schließlich doch noch geklappt. Zwei Jahre nach dem Urteil gelang es der Bundesregierung, Fischer freizukaufen. Allerdings war er körperlich gebrochen und starb 2006 mit nur 65 Jahren. Ingrid Ruske ist heute Heilpraktikerin und ihre Tochter arbeitet in einem Ingenieurbüro.

Der Flughafen Tempelhof blieb bis 1985 amerikanischer Militärflugplatz, danach wurde er wieder zu dem, was er einst war, zum Zentralflughafen. Doch seine Bedeutung hat er verloren. Der größere und modernere Flughafen in Tegel hatte ihn längst überrundet. Und nach dem Fall der Mauer bekam Berlin mit Schönefeld einen dritten Verkehrsflughafen dazu. Im Herbst 2008 wurde der Zentralflughafen Berlin-Tempelhof von der rot-roten Regierung gegen den Willen der meisten Berliner für immer geschlossen.

ZUM TÖTEN PROGRAMMIERT

von Jens Inti Habermann

Am Abend des 13. Oktober 1983 wird die 77-jährige Hauswirtin Melanie Scharnow tot in ihrer Neuköllner Wohnung aufgefunden. Sie war offensichtlich erwürgt und, so vermutet man, sexuell missbraucht worden, denn sie liegt nackt auf ihrem Bett. Der vermeintliche Täter wird schnell gefasst, seine Fingerabdrücke sind auf der Türklinke. Er lebt im selben Haus und außerdem findet man in der Wohnung der Ermordeten einen Schuldschein mit seinem Namen und seiner Unterschrift. Es handelt sich um den 20-jährigen Michael Mager, der über einen geringen Intelligenzquotienten verfügt, lediglich einen Sonderschulabschluss vorweisen kann und außerdem der Spielsucht verfallen ist. Im Verhör lässt sich Mager von den Beamten immer weiter einwickeln. Nach zwanzig Stunden legen sie ihm nahe, sein Gewissen durch ein Geständnis zu erleichtern. Schließlich gibt der Beschuldigte auch alles zu, jedoch stimmen seine Zeitangaben mit den Ermittlungsergebnissen nicht überein. Mager korrigiert diese dann so lange, bis die Beamten zufrieden lächeln. Er fügt seinem Geständnis noch hinzu, dass er der Frau Scharnow so lange auf den Hinterkopf geschlagen habe, bis diese sich nicht mehr bewegte; eine Erklärung, die zwar absolut nicht mit dem Obduktionsbericht übereinstimmt, aber den Beamten mit ihrem Ziel, den Täter schnell zu fassen, recht und billig ist. Die Tatsache, dass ein von Mager beschriebenes Brötchen auf dem Küchentisch der Toten nirgendwo auf den Tatortfotos zu sehen ist, beeindruckt die Ermittler ebenso wenig wie die unstimmigen Angaben zur Körperhaltung des Opfers. Magers erste Angabe, zur fraglichen Zeit auf dem Sozialamt gewesen zu sein und an jenem 13. Oktober nur kurz an die Tür von Frau Scharnow geklopft zu haben, um sich erneut ein paar Mark zu leihen, wird demzufolge auch nicht mehr überprüft.

Michael Mager wird zu acht Jahren Jugendstrafe verurteilt, von denen er sechs absitzen wird.

Zur gleichen Zeit aber fällt ein weiterer Nachbar und Mieter von Frau Scharnow, der 22-jährige, zwei Meter große und 100 Kilo schwere Malerfachgehilfe und Gelegenheitsarbeiter Thomas Rung, den übrigen Bewohnern zunehmend häufiger unangenehm auf. Rung säuft und reagiert auf die gewöhnlichen Konflikte, die in einem Mietshaus auftreten können, unangemessen aggressiv. Zu den durchschnittlich zwanzig unaufgeklärten Morden, die Berlin zu dieser Zeit jährlich verzeichnen muss, gesellen sich bis zum Jahresende 1983 noch drei hinzu.

Knapp zwölf Jahre später, am 28. Februar 1995, vergewaltigt und erwürgt der nunmehr 34-jährige Thomas Rung die gleichaltrige Gabriele Proppe, eine Freundin seiner Lebensgefährtin. Anschließend zündet er ihr Schlafzimmer an, um die Tat zu verschleiern. Er wird noch am gleichen Tag verhaftet.

Ihm wird außerdem vorgeworfen, drei Tage zuvor seinen Schwiegervater in spe, den 53-jährigen Frührentner Eckhard Trutti zuerst mit einer Bierflasche bewusstlos geschlagen und anschließend in der Badewanne gewürgt und ertränkt zu haben.

Thomas Rung hatte bereits wegen verschiedener Raub- und Sexualdelikte dreizehn Jahre im Gefängnis gesessen. Im Laufe seiner Untersuchungshaft und vor Gericht gibt er ungefragt weitere von ihm verübte Morde preis.

Anfang 1996 beschuldigt sich der Serienmörder auch des Mordes an seiner ehemaligen Vermieterin Melanie Scharnow im Jahre 1983. „Eine sehr nette Frau..., habe ich in ihrer Wohnung aufgesucht, um ihr auszurauben und ihr umzubringen..., solange gewürgt, bis sie tot war, dann entkleidet und ins Bett gelegt, um ein Sexualdelikt vorzutäuschen, und etwa achtzig Mark mitgenommen."

„Da sind wir auf den Hintern gefallen“, berichtet ein Ermittler, „erschrocken habe ich zu Rung gesagt: Erzählen Sie keinen Unsinn, da ist ja schon jemand verurteilt worden...“ In der Tat musste Michael Mager von 1983 bis 1989 für diesen von ihm nicht begangenen Mord zu Unrecht im Gefängnis einsitzen. Aufgrund von Rungs Aussagen wird er schließlich im August 1996 freigesprochen. Zur Tatzeit war er nachweislich beim Sozialamt gewesen. Er wird nach seinem Freispruch sagen: „Jeder stellte seine Fragen so verzwickt, dass ich irgendwann gesagt habe, ich sei in der Wohnung gewesen... Ich habe einfach irgendwas erzählt.“ Als sein damaliger Pflichtverteidiger, der sich jetzt nicht einmal mehr an den Fall erinnern will, ihm riet, bei seinem Geständnis zu bleiben, habe er kein Wort herausgebracht. „Ich wollte erzählen, aber ich konnte nicht... Und als ich dann in der Zelle war, habe ich erst verstanden, dass ich was erzählt habe, was ich nicht gemacht habe.“ „Aber“, so berichtet Michael Mager, „wäre ich nicht in den Knast gekommen, hätte ich nie eine Lehre gemacht.“ Von einem Justizskandal will sein jetziger Verteidiger Elfferding im Revisionsverfahren nicht sprechen. „Wir haben es mit dem ganz normalen Alltag der Justiz zu tun gehabt. Das ist viel schlimmer“, gibt er zu bedenken. Michael Mager erhält 30.000 Mark als Entschädigung für die unrechtmäßige Verurteilung. Am Ziel ist er noch nicht: „Ich will, dass mein Prozess wieder aufgerollt wird. Dass man mir glaubt, dass ich Frau Scharnow nicht ausgeraubt habe.“

Thomas Rung hingegen wird im Frühjahr 1996 wegen des Mordes an fünf Frauen, Raub mit Todesfolge, mehrfacher Vergewaltigung, Totschlag und Brandstiftung angeklagt. Während des Prozesses wird er aufgefordert, seine Taten im Einzelnen zu schildern. Er bittet darum, nach jedem geschilderten Verbrechen eine Pause von zehn Minuten einlegen zu dürfen, um die Taten „nicht wie am Fließband runterrasseln“ zu müssen. Seinem Bericht zufolge ist er in einer „finsteren Nacht“ im

Der heutige Pärchenclub „Zwiespalt" war einst das „Silberstei-neck", die Stammkneipe von Thomas Rung.

(Foto: Peter Ehrentraut)

Auf dem Kinderspielplatz an der Silbersteinstrasse wurde die 22-jährige Studentin Susanne Matthes im November 1983 ermordet aufgefunden. (Foto: Peter Ehrentraut)

November 1983, etwa fünf Wochen, nachdem er seine Vermieterin erwürgt hatte, in Neukölln der 22-jährigen Studentin und Pfarrerstochter Susanne Matthes gefolgt. Ein „sexueller Trieb“ habe ihn dazu verleitet, „die Frau zu nehmen“. An diesem Abend hatte er sich „ganz schön einen hinter die Mütze gekippt“, und dennoch hat er die Tat „sehr gut in Erinnerung“: Er nahm die Frau in den Schwitzkasten, zog sie auf einen Spielplatz, schlug ihr mit der Faust ins Gesicht und entkleidete sie. „Weil sie zu eng war“, zwang er die entsetzte Studentin, ihn mit der Hand zu befriedigen und erwürgte sie anschließend. Um sicherzugehen, dass sie auch wirklich tot war, schüttete er Sand über ihren Kopf. (Die Frau war nur bewusstlos gewesen und schließlich am Sand erstickt.) Bereits vor der Tat sei ihm „klar“ gewesen, dass er sie umbringen musste. Sie hätte ihn sonst anzeigen können und davor habe er Angst gehabt. In diesem Mordfall brachte die Polizei 1985 einen 26-Jährigen vor Gericht, der an Schizophrenie litt. Da das Gericht nur „unzureichende Indizien“ für seine Täterschaft fand, wurde er freigesprochen dafür aber in eine geschlossene Nervenklinik eingewiesen.

Sein nächstes Opfer, eine geistig verwirrte 85-jährige Frau aus Reinickendorf, überfiel er sieben Tage später „spontan“. Er schlug sie und erbeutete eintausend Mark. Dann ließ er sie auf einem Fabrikgelände liegen, wo die alte Frau aufgrund ihrer Verletzungen und der vorherrschenden Kälte verstarb.

Knapp drei Wochen später, am 24.12.1983, habe er sich „regelrecht ein Opfer zum Vergewaltigen gesucht“. Er lief der 62-jährigen Reinigungsfrau Josefine Grosser auf ihrem Weg zum Arbeitsplatz am Neuköllner Schifffahrtskanal hinterher, vergewaltigte und würgte sie. „Um die Sache sicher zu machen“, hielt er ihren Kopf so lange unter Wasser, bis sie nicht mehr am Leben sein konnte.

Zwei Stunden danach wollte er wieder vergewaltigen. Er riss einer Frau die Kleider vom Leibe, als sie gerade ihren Zeitungskiosk öffnete. Er wurde jedoch durch einen Kunden gestört und ließ von seinem schreienden Opfer ab. Ob er auch an diesem Tag viel Alkohol getrunken hatte, weiß er nicht mehr. „Manchmal war es aber so..., dass ich losging wie eine Maschine, wenn ich Alkohol getrunken hatte."

Ferner vergewaltigte und beraubte er noch eine 23-jährige Frau, die eine Autopanne hatte. Zunächst half er ihr beim Schieben ihres VW-Käfers, dann vergewaltigte er sie. Auf die spätere Frage der Ermittler, warum er dieses Opfer leben ließ, antwortete er, er habe es von hinten gemacht, daher habe die Frau ihn nicht anschauen können und würde ihn somit auch nicht wiedererkennen. In diesem Fall sollte er sich täuschen, denn sie erkannte ihn durchaus wieder. Wegen dieser Vergewaltigung sowie der einer 17-Jährigen, die im Jahr zuvor sein Opfer geworden war, wurde Rung 1985 zu vier Jahren Haft verurteilt und im August 1989 wieder freigelassen. Fünf Monate später überfiel er eine 43-jährige Frau. Da die Polizei rechtzeitig am Tatort eintraf, kam es nicht zur Vergewaltigung. Wegen schwerer Körperverletzung wurde er zu einem Jahr Freiheitsstrafe verurteilt, acht Monate musste er absitzen.

Im August 1990 war er wieder frei. Auf der Suche nach potentiellen Opfern erkundete Thomas Rung per Fahrrad das damalige Sanierungsgebiet Marienstraße in Berlin-Mitte. Er beobachtete, dass im Haus Nr. 8 nur noch eine alleinstehende Frau in der obersten Etage wohnte. Irgendwann zwischen dem 12. und 29. September klopfte er gegen 18 Uhr an die Wohnungstür der 59-jährigen Hella Klinner. Die öffnete ahnungslos und er verwickelte sie in ein Gespräch. Als sie sich kurz umdrehte, um das Essen vom Herd zu nehmen, fiel er sie von hinten an. Er vergewaltigte sie und zwang sie danach, in eine Badewanne mit kaltem Wasser zu steigen. Ihr

Flehen, sie am Leben zu lassen, half nicht, er drückte ihren Kopf so lange unter Wasser, bis sie tot war. Am 16. Oktober wurde die inzwischen aufgedunsene und von Maden übersäte Leiche im Abrisshaus entdeckt. Die Kripo ging von einem Unfall aus, da scheinbar keine Anzeichen für ein Verbrechen vorlagen. Frau Klinner sei wohl, so wurde vermutet, beim Wäscheaufhängen unglücklich gestürzt und an den Folgen des Sturzes verstorben.

Es folgten einige Jahre ohne Morden, in denen er mit einer Frau zusammenlebte und Vater eines Sohnes wurde. Am 24. Februar 1995 allerdings ermordete er seinen Schwiegervater in spe, Eckhard Trutti. Die beiden hatten sich verabredet, um Truttis Wohnung zu streichen. Zuvor wollte Rung jedoch ein Bier, was ihm Trutti verweigerte. Nach einigen kräftigen Tritten in die Magengegend tauchte Rung den Kopf seines Opfers in die Badewanne, wiederum so lange, bis er sich Truttis Todes sicher sein konnte. Dann verließ er die Wohnung mit 1000 Mark, die er seinem Opfer entwendet hatte. Truttis Leiche wurde am nächsten Tag von seiner Tochter entdeckt.

Ein Gerichtsgutachten beschreibt den Serienmörder Thomas Rung als „erschreckend normal“. Seine Selbsteinschätzung sieht aber anders aus. Er sei ein labiler Mensch und könne deshalb nicht ausschließen, dass „es nicht wieder passieren wird“. Er fügt in seinem Schlusswort noch Folgendes hinzu: „In mir schlummert eine Gefahr!“ Im Zusammenhang mit seinen Vorstrafen und mit Hinweis auf die dreizehn Jahre, die er bereits im Gefängnis verbracht hatte, gibt er der Gesellschaft allerdings eine „moralische Mitschuld“ und sagt: „Wenn Sie einen Hund in einen Käfig sperren und draufschlagen und nach zwei Jahren wieder rauslassen, beißt er.“ Das Urteil, zweimal lebenslang mit anschließender Sicherheitsverwahrung, nimmt Rung gefasst auf. Er hatte nach den Worten seiner Verteidigerin Elke Ochs-Gruissem mit der hohen Strafe gerechnet und sagt selber, dass seine Taten nicht zu entschuldigen seien. Richter Karl Föhrig ist in seiner Urteilsbegründung trotz allem sichtlich bemüht, dem Täter Gerechtigkeit widerfahren zu lassen. An seinen Taten „ist nichts zu relativieren", sagt er. Dieser habe mit einem „hohen Maß an Kaltblütigkeit" und mit „mörderischer Konsequenz" gehandelt, als er seine Opfer umbrachte, damit diese ihn nicht anzeigen konnten. Aber dennoch sei es angemessen, „etwas mehr Nüchternheit walten zu lassen", sagt der Richter und schaut dabei zu den Vertretern der Nebenkläger und der Boulevardpresse hinüber, die Rung als „den blutrünstigsten Serienmörder der deutschen Nachkriegsgeschichte" beschrieben hatten. Er sagt ferner, dass das Verfahren durch Rungs „Geständnis ohne falsche Bedauernsbekundungen ein bisschen weniger schrecklich" gemacht worden sei. Die Möglichkeit einer Strafmilderung aber könne wegen der „außergewöhnlichen Anzahl und Modalitäten der Taten" nicht in Frage kommen.

Thomas Rung, geboren 1961, wuchs als eines von sieben Geschwistern in Berlin auf. Sein Vater, ein schwerer Alkoholiker und notorischer Lügner, misshandelte die Kinder häufig mit der Hundekette. Thomas wurde bei der Polizei erstmals aktenkundig, nachdem er eine alte Frau überfallen und man ihn dafür zu zwei Jahren Jugendstrafe ohne Bewährung verurteilt hatte. Er war noch nicht lange wieder auf freiem Fuß, als er wegen Vergewaltigung und Raub wieder vor dem Richter stand.

Schließlich wurde er wegen massiver Alkoholprobleme in die Karl-Bonhoeffer-Nervenklinik eingewiesen und kam 1994 wieder frei. Als er am 28. Februar 1995 auf einer Parkbank schlafend und stark alkoholisiert von Polizeibeamten aufgegriffen wurde, suchte man ihn schon. Er hatte am Morgen eine Bekannte umgebracht und in deren Wohnung Feuer gelegt. Die Feuerwehr konnte den Brand jedoch schnell löschen und fand die Leiche. Die Tochter des Opfers sagte aus, dass ihr auf dem Weg zur Schule der „Onkel Thomas" im Treppenhaus entgegengekommen sei...

RIFIFI IN ZEHLENDORF

von Peter S. Kaspar

Von einem Bankraub „wie bei Rififi“ wird immer dann gesprochen, wenn die Täter durch einen Tunnel in das Gebäude eindringen. Das gilt als besonders schwierig, aber auch als besonders raffiniert. Der Ausdruck geht zurück auf einen gleichnamigen Film, den Jules Dassin 1955 gedreht hatte. Doch bereits im Jahre 1929 waren die Berliner Brüder Franz und Erich Sass durch einen Tunnel in die Diskonto-Bank am Berliner Wittenbergplatz gelangt und konnten diese ausrauben. Die Öffentlichkeit nahm den Coup damals eher bewundernd als empört zur Kenntnis. Das wiederholte sich 66 Jahre später im Berliner Stadtteil Zehlendorf nahe dem Schlachtensee. Doch was sich dort in einer Filiale der Commerzbank abspielte, war noch ein gutes Stück dreister, aber auch genialer, wie selbst der damalige Berliner Polizeipräsident Hagen Saberschinsky zugeben musste.

Berlin, 27. Juni 1995. Drei Tage zuvor haben Christo und Jeanne-Claude die Verhüllung des Reichstages vollendet. Über nichts anderes wird mehr gesprochen. Tausende strömen in die Stadt, um das temporale Kunstwerk zu sehen. Eifrig wird über Sinn und Unsinn der Verhüllungsaktion diskutiert und gestritten. Doch sehr bald soll die Stadt ein ganz anderes Gesprächsthema haben.

Es ist 10.25 Uhr. Die Filiale der Commerzbank in der Matterhornstraße in Berlin-Zehlendorf ist gut gefüllt, als vier mit Vollgesichtsmasken vermummte Männer hineinstürmen. Sie sind schwer bewaffnet mit Sturmgewehren und Handgranaten und nehmen 16 Geiseln, die sich auf den Boden legen und fesseln lassen müssen. Alle Jalousien werden zugezogen. Vor der Filiale werden Handgranaten deponiert, die signalisieren sollen: „Wir meinen es ernst.“ Das einzig Ungewöhnliche an

27. Juni 1995, Commerzbank Schlachtensee. 16 Kunden und Angestellte sind in Geiselhaft, die Räuber fordern 17 Millionen Mark Lösegeld, einen Hubschrauber und einen Fluchtwagen.

(Foto: Peter Ehrentraut)

Die Garage – Ausgangspunkt des Fluchttunnels – befindet sich einen Straßenblock von der Bank entfernt. (Foto: Peter Ehrentraut)

LKA 4212

z. Hd. Koll. [redacted] (5431)

-eilt-

V O R D E R U N G E N

Nach erhalt dieses Schreibens bleiben Ihnen 6 std.

1. Die Zäune,vor der Bank entfernen

2. Ein geschlossennen Transporter , voll getankt direkt vor dem Eingang parken .

3. Route : Matterhornstr. , Spanische Allee , bis zur Spanischen Brücke , weiter A 115 in Richtung Leipzig bis zur ersten Brücke die gebaut wird ,frei halten .

4. Ein Hubschrauber mit Pilot , voll getankt, zwei mal über der Bank kreisen lassen.

Bei Dreilinden, vor der Brücke die gebaut wird auf der rechten Seite bei der neuen Ausfahrt landen.

5. a) 5000000 a 500 DM Scheine

b) 5000000 a 200 DM Scheine

c) 7000000 a 100 DM Scheine

In gebrauchten Scheine, keine Fälschungen,nicht in Serie laufende Scheine, in Plastiktüten.

Nach ablauf der Frist, haben Sie selbst die Verantwortung, für die Folgen zu tragen.

EIN MENSCHENLEBEN BEDEUTET UNS GARNICHTS.

diesem Banküberfall ist bis zu diesem Zeitpunkt die hohe Zahl der Geiseln. Selbst in einer Stadt wie Berlin, in der jede Minute eine Straftat begangen und alle sechs Tage ein Mensch getötet wird, ist solch ein Vorgehen sehr ungewöhnlich. Geiselnahmen sind stets brisant, aber gleich sechzehn Menschen auf einmal! Die Polizei weiß, dass ihr nun eine große Bewährungsprobe auferlegt wird, denn ihr Ruf ist in diesen Tagen nicht der beste.

Die Täter benehmen sich nicht unbedingt so, wie sich klassische Bankräuber vermutlich verhalten. Sie agieren zwar zu Beginn mit einer gewissen professionellen Aggressivität, doch nach und nach behandeln sie ihre Geiseln höflich, ja geradezu freundlich. Es gibt Äpfel, Kekse und Multivitaminsaft. Einer 21-Jährigen wird von einem der Räuber sogar der Rücken massiert. Immer wieder beruhigen sie die Menschen in dem Gebäude, versichern ihnen, dass ihnen nichts geschehen wird. Der bereits eingetroffenen Polizei scheint es so, als seien die Bankräuber von der Vielzahl ihrer Geiseln überrascht und würden nunmehr versuchen, daraus Kapital zu schlagen.

Die Vermummten haben eine Frau mit einem Blatt Papier hinausgeschickt. Darauf geschrieben stehen die Forderungen der Entführer: 17 Millionen D-Mark wollen sie haben, einen Fluchtwagen und freies Geleit. Außerdem steht noch ein Hubschrauber auf der Wunschliste, der am ehemaligen Kontrollpunkt Dreilinden auf die Täter warten soll. Das Ultimatum läuft bis 17 Uhr.

Die Beamten haben mittlerweile vor dem Gebäude Stellung bezogen und die Umgebung hermetisch abgeriegelt, keiner kommt mehr rein oder raus. Den erfahrenen Polizisten ist klar, dass es zu einem nervenaufreibenden Geduldsspiel kommen wird, mit Forderungen und Drohungen. Polizeipsychologen werden versuchen, die Täter ruhig zu halten, weich zu kochen und hoffen, sie zur Aufgabe bewegen zu können. Vor allem aber werden sie versuchen, ein Blutbad zu verhindern. Immerhin haben die Geiselnehmer die Polizei wissen lassen: „Ein Menschenleben bedeutet uns garnichts."

Wichtig für die verhandelnden Psychologen ist, dass sie direkt mit den Tätern sprechen können. Stimmlage, Wortwahl und Verhalten geben Aufschluss über die psychische Befindlichkeit. Ist der Täter zum Beispiel so labil, dass er sich zu einer Verzweiflungstat hinreißen lässt? Ist er vernünftigen Argumenten zugänglich? Ist er intelligent oder lässt er sich durch einfache Manöver bluffen? Das alles bekommen die verhandelnden Beamten nicht heraus, denn die Geiselnehmer sprechen nicht mit ihnen. Stattdessen übermittelt der stellvertretende Filialleiter die Botschaften an die Polizei. Über eine Stimmanalyse können die Täter später jedenfalls nicht entlarvt werden. Auch Bilder von den Überwachungskameras wird es keine geben. Die Bankräuber haben alle Videokassetten entfernt.

Der einzige vage Anhaltspunkt: In der Botschaft, die die Frau überbracht hat, ist das Wort „Forderungen" mit V geschrieben. Doch welche Schlüsse können die Beamten daraus ziehen? Dass die Orthografie nicht gerade zu den Stärken zumindest eines der Räuber gehört? Manchmal sind auch Kleinigkeiten wichtig.

Inzwischen haben die Täter den Filialleiter gezwungen, den Tresorraum zu öffnen. Die Geiseln hören heftiges Hämmern und Klopfen. 207 von insgesamt 400 Schließfächern werden aufgebrochen.

Vor der Bank geht man noch davon aus, dass die Geiselnehmer irgendwie zur Aufgabe überredet werden können. Wie immer werden die Täter erst einmal hingehalten. Die reagieren daraufhin mit einem – wie es von außen scheint – Akt der Brutalität. Ein Bankkunde muss sich in ein Fenster setzen. Die Bankräuber drohen, ihm ins Bein zu schießen, wenn das Geld jetzt nicht endlich eintrifft. Jetzt kommt Bewegung in die Sache. In zwei blauen Müllbeuteln werden 5,6 Millionen Mark herangeschafft. Aber das sind 11,4 Millionen weniger, als die Täter gefordert hatten.

Die Säcke werden in die Bank gebracht. Und wieder beginnen Verhandlungen und Telefonate. Nein, das Geld reicht nicht. Die Forderung war klar. Nach Mitternacht dann plötzlich Funkstille. Die Geiselnehmer melden sich nicht mehr. Wer weiß, vielleicht brauchen sie ja auch nur eine Mütze Schlaf? Bisher haben sie sich als übermäßig vorsichtig und schlau erwiesen. Sie wissen vermutlich auch, dass die meisten Geiselnahmen letztlich an Erschöpfung und Übermüdung der Geiselnehmer scheitern. Draußen wird man von Minute zu Minute nervöser. Warum gelingt kein Kontakt mehr? Es bleibt die Gewissheit, dass sie ja nicht weg können. Das Gebäude ist dicht umstellt, die angrenzenden Straßen abgeriegelt. Es wimmelt nur so von bewaffneten Einsatzkräften. Keine Maus würde unbemerkt herauskommen. Trotzdem, hier stimmt etwas nicht. Vielleicht sind ja alle Geiseln tot, ermordet, und die Geiselnehmer haben sich umgebracht. Auch solche verwirrten Taten hat es schon gegeben. Die Nacht ist lang und die Spekulationen werden immer wilder.

Um 3.43 Uhr schließlich, die Geiselnahme dauert inzwischen siebzehn Stunden, beschließt die Polizei, das Gebäude zu stürmen. Sie finden alle Geiseln – unverletzt. Von den Bankräubern fehlt hingegen jede Spur. Zuletzt waren sie im Tresorraum gewesen. Und dort entdeckt die Polizei ein Loch, mitten im Boden. Durch dieses Loch sind sie verschwunden. Wohin mag es führen? Einfach in das Loch einzusteigen, um die Täter zu verfolgen, erscheint zu gefährlich. Schließlich wird ein Roboter hineingeschickt. Es könnte ja immerhin sein, dass die Bande irgendwelche Sprengfallen im Tunnel versteckt hat.

Der Roboter findet weder Spreng- noch andere Fallen, nur viel unterschiedliches Material, das hier beim Tunnelbau zurückgelassen wurde.

Eigentlich könnten das eine Menge vielversprechender Spuren sein, doch sie werden die Polizei zunächst nicht weiter bringen. Der Tunnel endet rund 170 Meter von der Bank entfernt in einem Garagenhof. Hier sind die Täter irgendwann nach Mitternacht gemütlich aus einer der Garagen marschiert, um geschätzte 16 Millionen D-Mark reicher. Die Gegend wimmelt nur so von bewaffneten Einsatzkräften, an denen die Täter ruhig und friedlich vorbeispaziert sein müssen, als hätten sie mit der ganzen Sache nichts zu tun. Doch welcher Polizist sollte schon ahnen, dass diese harmlosen Männer gerade durch eine kaum achtzig Zentimeter breite Röhre gekrochen sind, mit einer der größten Beuten, die jemals bei einem Bankraub in Deutschland gemacht worden ist?

Zu diesem Zeitpunkt waren sie übrigens zu sechst. Das ahnt die Polizei indes noch nicht. Vier Täter waren in die Bank gestürmt, zwei weitere durch den Tunnel eingestiegen. Um wie viel Geld es sich tatsächlich handelte, wird keiner der sechs Räuber preisgeben. Es handelte sich dabei nicht nur um Geld, sondern auch um andere Dinge, die in Bankschließfächern lagern: Schmuck, Uhren, Wertpapiere. Genau weiß man es nicht. Denn wer in der Umgebung des Berliner Schlachtensees wohnt, gehört nicht gerade zu den Bedürftigen der Stadt. Und diejenigen, die dort ein Schließfach hatten, sind nicht unbedingt erpicht darauf, dass die ganze Stadt oder zumindest die Steuerbehörde erfährt, was in den Schließfächern im Einzelnen lagerte. Die Polizei beziffert den Wert des Diebesgutes aus dem Tresorraum auf geschätzte 10 Millionen Mark.

Die Ermittlungen konzentrieren sich zunächst auf den Besitzer der Garage. Es handelt sich um den 19-jährigen Syrer Moutaz Al Barazi. Der gibt vor, den Mieter nicht näher zu kennen. Aber Al Barazi wird überprüft und die Beamten stellen fest, dass er vorbestraft ist.

Inzwischen ist der Spott groß. Dass sich eine sechsköpfige Erpresserbande praktisch vor den Augen der Polizei einfach so in Luft auflöst, ist ungeheuerlich.

Nun kommt alles wieder hoch. Erst vor einem Jahr konnten die Berliner Beamten den Kaufhauserpresser „Dagobert" festnehmen, der die Ermittler jahrelang zum Teil ausgesprochen humor- und fantasievoll an der Nase herumgeführt hatte.

Der Berliner Polizeipräsident Hagen Saberschinsky macht klar, dass es sich bei diesem Coup um einen ganz außergewöhnlichen handelt. „Die Bankräuber haben mit einer hohen Raffinesse, einer gewissen Professionalität, vielleicht auch Genialität gearbeitet", gibt er selbst zu Protokoll. Gleichzeitig macht er den Ermittlern aber gehörig Dampf: „Ich ziehe denjenigen die Ohren lang, die diesen Fall nicht aufklären." Saberschinsky weiß, dass er einen schnellen Erfolg braucht, um den Ruf seiner Behörde nicht noch mehr zu schädigen.

Der Tunnel bietet den Ermittlern schon einige Hinweise. Bergbaufachleute bescheinigen den Gangstern ebenfalls eine hohe Professionalität. Die Wände der Erdröhre sind fachmännisch mit Holzbohlen abgestützt worden. Ein Tiefbauer glaubt, dass derjenige, der die Röhre gebaut hat, „eine Mentalität wie ein Maulwurf" haben müsse. Gerade einmal 80 Zentimeter ist der Gang breit – nichts für Klaustrophobiker.

Die Tunnelbauer mussten ihr Werk nur 50 Meter vorantreiben, ab da verläuft ein unterirdisches Regenablaufrohr. Dem folgten sie einhundert Meter, dann trieben sie den nächsten Stollen 20 Meter weit – bis sie genau unter dem Tresorraum der Commerzbank angelangt waren. Das hört sich relativ einfach an, doch die Arbeit hatte fast ein Jahr gedauert. Die Polizei findet am Tatort Skateboards, mit denen die Erde abtransportiert wurde. Auf 20 Kubikmeter wird das Erdreich geschätzt, das die Einbrecher bewegt haben müssen. Das entspricht etwa vier Lkw-Ladungen. Tatsächlich musste das Zeug ja verschwinden

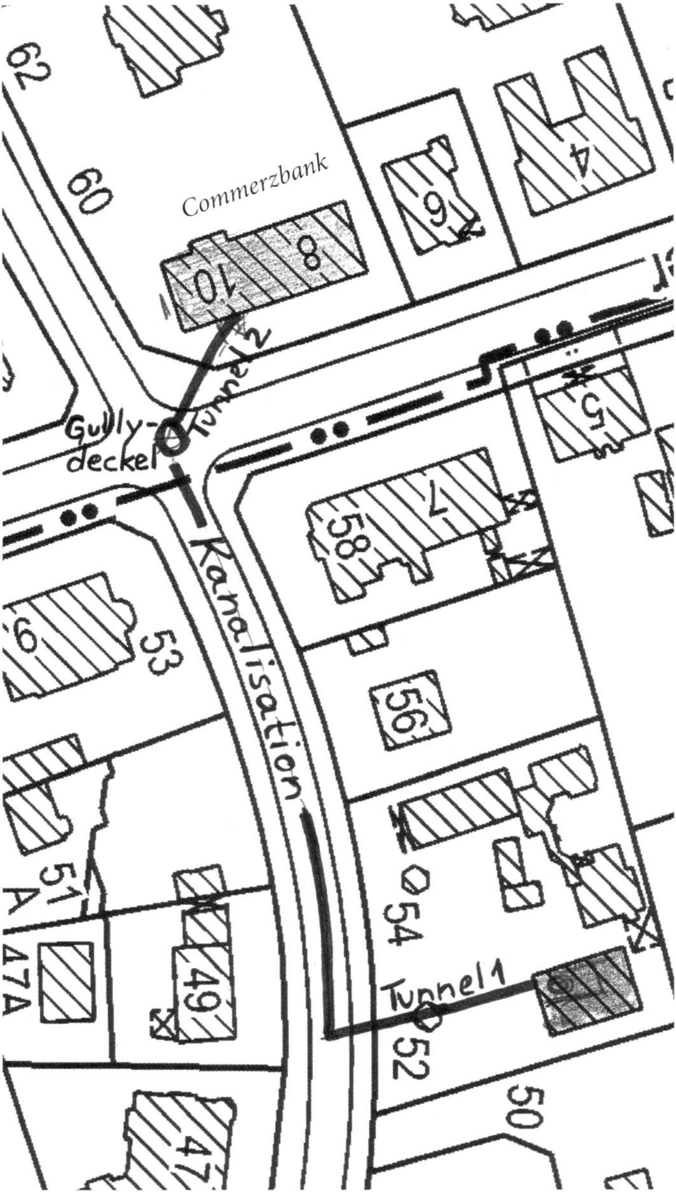
Commerzbank
Tunnel 2
Gully-deckel
Kanalisation
Tunnel 1
62
60
10
8
6
4
5
7
58
53
56
51
47A
49
54
52
50

und Lastwagen wären zu auffällig gewesen. So muss die Erde also in kleinen Portionen zu Baustellen gefahren und dort unauffällig entsorgt worden sein. Baustellen gibt es im Berlin der Nachwendejahre mehr als genug.

Die Arbeiten am Tunnel waren nicht ungefährlich. Der Boden in und um Berlin ist sandig. So war eines Tages Sand ins Rutschen gekommen und hatte einen der Tunnelarbeiter begraben. Er wäre beinahe erstickt, konnte aber rechtzeitig befreit werden. Ein anderes Mal, bei einem Regenguss, hatte sich das Rohr gefüllt, und diesmal wären die Tunnelgräber um ein Haar ertrunken. Doch all diese Widrigkeiten konnten sie nicht abhalten. Sie gruben munter weiter, das Ziel immer genau im Visier. Am Tatort findet die Polizei auch einen Kompass, der dazu diente, die Richtung zu halten und den Weg unter die Bankfiliale zu finden.

Es ist nur schwer nachzuvollziehen, dass die fast einjährigen Arbeiten völlig unbemerkt geblieben sein sollen. Einmal wäre beinahe alles aufgeflogen. Ein Stück Erdreich war abgesackt und es hatte eine Delle in der Straße gegeben. Passanten bemerkten das und benachrichtigten das Bauamt. Ein Bauunternehmen wurde beauftragt, der so harmlos erscheinende Straßenschaden kurzerhand behoben. Dass dieser allerdings von einem Tunnelbau herrührte, hatte keiner geahnt.

Eine 60-köpfige Sonderkommission unter der Leitung von Detlef Büttner wird gebildet, die Soko „Coba“. Die rätselt zum Beispiel über vier Overalls unterschiedlicher Farbe, die in der Garage gefunden wurden. Zu jedem dieser Overalls gehörten farblich abgestimmte Schuhe. Es lässt sich einiges aus diesen Details herauslesen. Der Kopf der Bande hat Sinn für Stil. Zudem scheint er sehr akribisch zu sein. Dahinter steckt also ein ganz ausgebuffter Junge, ein echter Profi.

1995 ist die DDR erst seit fünf Jahren Geschichte. Alle möglichen Verschwörungstheorien zu untergetauchten Stasi-Offizieren gelangen zur höchsten Blüte. Kein Delikt ist zu groß oder zu klein, um dahinter nicht doch noch einen flüchtigen Mitarbeiter der ehemaligen DDR-Staatssicherheit zu vermuten.

Es scheint ja auch wirklich so perfekt zu passen. Die Täter hatten den Bankraub langfristig und minutiös, ja generalstabsmäßig geplant. Experten attestierten den Tunnelbauern ein „fachmännisches" Vorgehen. Ganz offensichtlich waren die Gangster auch noch psychologisch geschult, sonst hätten sie ja bei den Verhandlungen einfach zusammenbrechen müssen. Taten sie aber nicht, sondern spielten im Gegenteil mit den Beamten Katz und Maus. Das roch doch verdammt nach den alten Seilschaften aus seligen DDR-Zeiten, die hier ein Ding gedreht haben mussten. Kommissar Büttner, auf diese Theorie angesprochen, dementiert nicht, sondern orakelt: „Ich habe da schon ein paar Jungs im Visier." Ob er da schon die syrischen Brüder Al Barazi gemeint hat?

Der Aussage von Moutaz al Barazi hat die Polizei jedenfalls nicht geglaubt. Der ihm angeblich unbekannte Mieter entpuppt sich bald als ein Mitglied der Familie. Doch noch fehlen die stichhaltigen Beweise. Keinem der Männer, die inzwischen unter Tatverdacht stehen, kann die Polizei etwas nachweisen. Fieberhaft suchen die Ermittler alles ab. Es sind ja eigentlich genug Spuren vorhanden: Coladosen, Schläuche, Kabel für die Beleuchtung, doch auf all diesen Dingen finden sich keine verwertbaren Spuren. Die Täter trugen stets Handschuhe oder haben Fingerabdrücke sorgsam beseitigt. Doch die Ermittler geben nicht auf. Und dann, nach dreieinhalb Wochen kommt endlich die erlösende Nachricht von der Kriminaltechnik. Sie hat doch noch einen Fingerabdruck gefunden, schließlich entdecken sie auch noch eine vielversprechende Zigarettenkippe.

Inzwischen ist aber große Eile geboten. Die Barazi-Brüder werden zwar auch telefonisch überwacht, in der Hoffnung, dass sich einer der Jungs verraten würde, doch diese Hoffnung ist fehlgeschlagen. Was die Operation allerdings ans Licht bringt: Die Beiden wollen sich – fast vier Wochen nach dem großen Coup – ins Ausland absetzen, das heißt entweder nach Syrien oder in den Libanon. Sollte ihnen das gelingen, dann wäre es nahezu unmöglich, sie jemals in Deutschland zur Verantwortung zu ziehen.

Die Soko Coba weiß, dass sie jetzt sehr schnell handeln muss, um zu verhindern, dass die Brüder im Nahen Osten untertauchen. Vier Wochen nach dem Überfall auf die Commerzbank in Zehlendorf schlägt sie zu. Sechs Verdächtige hat die Polizei ermittelt. Fünf davon kann sie nun festnehmen. Einer hingegen ist in den Libanon entkommen.

Noch am Abend seiner Festnahme gesteht der syrische Hilfsarbeiter Momo. Dass er so bald redete, hatte wohl einen Grund. 200.000 Mark waren ihm von den Drahtziehern versprochen worden. Nach dem Coup versuchten sie allerdings, ihn mit 1.500 Mark abzuspeisen. Doch auch von den anderen Festgenommenen gibt es bald Geständnisse.

Damit ist der Fall jedoch noch lange nicht abgeschlossen. Es fehlt die Beute. Bei einem Zahnarzt im Märkischen finden die Fahnder 3,6 Millionen Mark. In Polen tauchen 600.000 Mark auf und im syrischen Damaskus beschlagnahmen die Behörden angeblich 900.000 Mark. Ein Beamter aus der Soko Coba fliegt nach Syrien, um das Geld in Empfang zu nehmen. Ob es sich wirklich um die gesamte Summe handelt, welche die syrische Polizei in einem Lichtschacht des Hauses Al Barazi sichergestellt hat, vermag der Beamte indes nicht zu sagen. In einer schwarzen Mülltüte ist dem deutschen Kommissar das Geld überreicht worden. Der musste sich auf dem Bazar in Damaskus erst einmal einen Koffer für 13 Mark kaufen, um die Scheine nach Deutschland zu transportieren.

Einer der Täter stellt sich viel, viel später schließlich selbst. Es ist Sonntag, als er sich beim Bundesgrenzschutz auf dem

Flughafen in Frankfurt meldet und sich als einer der gesuchten Bankräuber von Berlin-Zehlendorf zu erkennen gibt. Doch der Grenzschutzbeamte glaubt ihm nicht, meint, es handele sich um einen Scherz. Beinahe wäre der Gesuchte einfach zurück in den Nahen Osten geflogen. Schließlich lässt sich der Beamte doch noch überzeugen, ruft in Berlin an und löst dort hektische Betriebsamkeit aus. Wenig später landet ein Beamter in Frankfurt, um den Geständigen festzunehmen.

Insgesamt werden sechs Mitglieder der Bande verurteilt. Khaled Al Barazi wurde als Kopf der Bande zu einer 13-jährigen Freiheitsstrafe verurteilt. Nicht viel besser kamen seine Komplizen weg, zwei weitere Syrer, ein Deutscher und zwei Libanesen. Sie erhielten Freiheitsstrafen zwischen sechs und zwölf Jahren. Der Libanese Ali Ibrahim war bereits im Libanon zu drei Jahren Gefängnis verurteilt worden, nachdem er sich dort gestellt hatte. Trotz Verbüßung seiner Strafe wurde er von der Berliner Justiz weiterhin mit internationalem Haftbefehl gesucht.

Allerdings können die Akten noch immer nicht geschlossen werden. Vermutlich hat die Justiz nur einen Teil der Bande erwischt, denn von der Beute fehlt bis zum heutigen Tag der größte Teil.

COMING SOON!

weitere Bücher des DMP-Verlags

Serienmörder werden von Freunden und Bekannten oft als ganz normale, unauffällige Menschen beschrieben. Serienmörder faszinieren, weil sie sich scheinbar unbeschwert über alle Normen hinwegsetzen. Sie sind aber dennoch unglückliche Menschen. Es quält sie, dass sie ihren Trieben folgen müssen, und wir können ihre Erschütterung nicht fassen. Auch aus diesem Grunde agieren sie so unauffällig. Die geschilderten Fälle spiegeln insofern das wirkliche Kriminalistenleben wieder, als sich nicht alle Serienmörder in den Netzen der Fahnder verfangen. Das Buch kann sogar den Fachmann in seinen Bemühungen unterstützen, Motiven der Täter näher zu kommen. Erschütternd aber ist zu lesen, dass selbst Ordnungshüter, die einiges darüber gelernt haben müssten, Serienkillern oft blauäugig und leichtfertig gegenübertreten...

9,90 Eur[D] / 10,20 Eur[A]
ISBN : 978-3-938551-56-1

Der Bericht „Das Todesurteil“ ist ein brisantes autobiografisches Dokument, das der Jurist Carl Hau 1925 geschrieben hatte, kurz vor seinem Selbstmord. Hau war zum Tode verurteilt worden, nachdem man ihn beschuldigt hatte, seine Schwiegermutter aus einem Hinterhalt heraus mit einem Revolver erschossen zu haben. Dieser Tat war eine Liebesaffäre mit der Schwester seiner Frau vorausgegangen, die der Rechtsanwalt mit allen Mitteln zu verschleiern versucht hatte.Der Indizienprozess war in der überregionalen Presse kontrovers diskutiert worden, nach der Urteilsverkündung kam es in Baden zu heftigen Ausschreitungen.

Bis heute ist nie geklärt worden, ob Hau die Tat wirklich begangen hatte oder nicht. Ein Tatsachenbericht, der nichts an Aktualität verloren hat und tief unter die Haut geht!

9,80 Eur[D] / 10,10 Eur[A]
ISBN : 978-3-938551-13-4

Leseprobe „Das Todesurteil"

1. DIE VERHAFTUNG

Sechs Uhr schlug Big Ben auf dem nahen Turme des Parlamentsgebäudes von Westminster, als ich aus der Droschke stieg, die mich von Charing Cross nach dem Hotel Cecil gebracht hatte. Am Bahnhof war niemand gewesen, obwohl ich von Brüssel aus die Stunde meiner Ankunft telegrafiert hatte.

Im Büro händigte man mir die - während der fünf Tage meiner Abwesenheit auf dem Kontinent eingelaufenen - Briefschaften aus und meldete mich durchs Telefon meiner Frau an, die sich oben in unserem Apartment befand. Sie kam mir bis zum Aufzug entgegen.

Ihr Gesicht hatte einen Ausdruck von Unruhe, fast Verstörtheit, in der Hand hielt sie zwei Telegramme aus Baden-Baden, von denen das erste die Nachricht enthielt, dass ihrer Mutter ein Unglück zugestoßen sei, und das zweite die Aufforderung, sobald als möglich nach Baden-Baden zu kommen. Unterschrift: Olga. Was ich davon hielte?

Ich wusste mir keinen Vers daraus zu machen. Dass ich vor knapp vierundzwanzig Stunden ihre Mutter noch heil und gesund gesehen hatte, durfte ich meiner Frau nicht sagen. Und deshalb konnte ihr inzwischen ja doch etwas zugestoßen sein.

Was zu machen sei? Ob wir die für Ende der Woche belegte Kabine wieder abbestellen sollten? Schon einmal hatten wir unsere Abreise von Liverpool um acht Tage verschoben, weil ich noch einmal nach dem Kontinent zurückmusste; jetzt war keine Zeit mehr zu verlieren, ich wurde in Washington mit Ungeduld erwartet. Also nur im äußersten Notfall eine weitere Verzögerung. Um nähere Auskunft ersuchen, einen Tag oder zwei abwarten. Der Dampfer fuhr Samstag, heute war Mittwoch.

Im Wohnzimmer war der Tee serviert. Wir saßen in gedrückter Stimmung, Vermutungen austauschend über das, was in Baden-Baden passiert sein könne. Die Nurse kam und brachte das Kind mit, das den heimgekehrten Vater stürmisch begrüßte.

Da klopfte es. Der Hoteldirektor steckte mit einer heftig gestotterten Bitte um Entschuldigung den Kopf herein und bat mich, auf einen Augenblick herauszukommen.

Es seien drei Herren von Scotland Yard da, die mich zu sehen verlangten, teilte er mir mit, während wir den Vorsaal durchschritten.

Wirklich, im Korridor draußen standen drei Individuen, zwei jüngere und ein älteres, das mit der bekannten Polizeibeamtenmiene an mich herantrat, sich als Inspektor Smith von Scotland Yard legitimierte und mich fragte, ob ich der Mr. Stan aus Washington sei, gegen den er einen Haftbefehl habe.

Mr. Stan aus Washington? Nein, der sei ich nicht. Und schon mischte sich der Direktor, der sich sichtlich nur mit Mühe zurückgehalten hatte, ein und ließ einen erregten Wortschwall los: Er habe es ja gleich gesagt, dass es ein Irrtum sein müsse; er finde es unerhört, dass man den Ruf seines Hotels in so leichtfertiger Weise aufs Spiel setze; er werde sich beim Commissioner beschweren und nötigenfalls bis ans Home Office gehen.

An Mr. Smith floss der ganze Schwall ab wie Wasser von einem Wachstuch. Er stellte meinen Namen fest und meinte dann, es liege hier offenbar ein Versehen des Beamten vor, der das Telegramm, das meine Verhaftung verlange, aufgenommen habe. Mehr Eindruck machte es auf ihn, als ich darauf hinwies, dass nach dem Gesetz Haftbefehle sehr strikt zu interpretieren seien und ein Hinausgehen über den Buchstaben unstatthaft sei. Er wurde nachdenklich und fragte, wie ich zu einer so genauen Kenntnis des englischen Rechts käme. Nun, ein amerikanischer Anwalt wird doch wohl einige Kenntnis des englischen Rechts haben dürfen. So, so, amerikanischer Anwalt. Er stand unschlüssig, an seinem grauen Schnurrbart nagend, die beiden Satelliten zogen sich zurück, der Direktor fing wieder an zu schimpfen, es sah fast so aus, als ob die Sache enden würde wie das Hornberger Schießen; da verdarb ich alles durch die neugierige Frage, woher denn des Telegramm, das meine Verhaftung verlange, gekommen sei. Eigentlich hätte der Inspektor mir das gar nicht mitteilen dürfen, aber er hatte seine Sicherheit verloren und antwortete ziemlich kleinlaut:

„Aus Deutschland. Von der Staatsanwaltschaft in Karlsruhe."

„Was?", rief ich aus. „Von Karlsruhe? Da komme ich ja gerade her."

Seine Züge erhellten sich.

„Sie sind eben vom Kontinent angekommen?"

„Ja."

„Und Sie waren in Karlsruhe?"

„Ja."

„So sind Sie ohne Frage der Gesuchte. Nein, nein, da kann gar kein Zweifel sein. Ich muss Sie verhaften. Wenn Sie gegen den Haftbefehl, wie er jetzt lautet, Protest einlegen, lasse ich Sie hier unter der Obhut meiner Begleiter und besorge in kürzester Zeit einen anderen auf Ihren richtigen Namen."

Daraufhin erklärte ich mich bereit, ihm nach Bow Street aufs Polizeigericht zu folgen, wo sich ja binnen vierundzwanzig Stunden alles aufklären müsse. Er war sehr befriedigt, hatte auch keine Einwendungen zu machen, als ich um die Erlaubnis bat, mich von meiner Frau verabschieden zu dürfen. Er unterließ es sogar, mich ins Zimmer hinein zu begleiten, obwohl er doch nicht wissen konnte, ob dasselbe nicht einen zweiten Ausgang habe.

Der Abschied war kurz, ich bat meine Frau, am nächsten Morgen aufs Polizeigericht zu kommen, nahm das Kind vom Boden auf und küsste es zum letzten Mal.

Im Korridor draußen beschwor der Hoteldirektor den Mann des Gesetzes händeringend, er möge mich doch so unauffällig wie möglich aus dem Hause herausbringen; wahrscheinlich schwebte ihm vor, man werde mich mit Ketten beladen durch die Lobby schleifen, so wie man in früheren Jahrhunderten die Verbrecher nach Tyburn befördert hatte.

Aber Mr. Smith warf sich in die Brust, erklärte, er hoffe, man werde ihm zutrauen, dass er wisse, wie er einen Gentleman zu behandeln habe, gab seinen beiden Gehilfen einen Wink, sich in respektvoller Entfernung zu halten, trat mir zur Seite und lud mich mit einem höflichen „Wenn ich bitten darf, mein Herr", ein, den Vormarsch zu beginnen. Während wir die Treppe hinuntergingen, bemühte er sich, ein harmloses Gespräch in Gang zu bringen.

Unten in der Lobby hatte ich eine interessante Begegnung. Ein Bekannter aus Washington, den wir in London zufällig getroffen und mit dem wir vereinbart hatten, gemeinsam die Rückreise zu machen, kam mit lautem Gruß auf mich zu und rief, indem er mir mit Vehemenz die Hand schüttelte: „Endlich zurück vom Kontinent? Hielt schon lange Ausschau nach Ihnen. Sie gehen doch nach dem Essen mit in die Alhambra?"

Ich lehnte dankend ab. Heute Abend sei es mir leider nicht möglich, da ich bereits anderweitig engagiert sei. Mr. Smith war ein paar Schritte beiseite getreten, ich sah, wie er bei diesen Worten ein Lächeln nicht unterdrücken konnte. Der Amerikaner musterte ihn und mich jetzt etwas genauer und merkte, dass hier etwas nicht in Ordnung sei. Einen Augenblick war ich versucht, ihm zu eröffnen, dass ich den Abend, anstatt im Theater, im Polizeigewahrsam von Bow Street verbringen würde. Das Gesicht, das er gemacht hätte, wäre sicherlich sehenswert gewesen, aber dann hielt ich es doch für besser, von der Verhaftung nichts zu sagen, und verabschiedete mich, indem ich der Hoffnung Ausdruck gab, ihn am nächsten Tage zu sehen. Sonderbarerweise habe ich ihn nicht am nächsten, aber an einem der folgenden Tage noch einmal gesehen – unter Umständen, von denen weder er noch ich in diesem Augenblick etwas ahnten.

Wir stiegen in einen Wagen und fuhren durch das dichte Menschengewühl der Straßen nach dem Ort, an dem sich ein großer Teil englischer Kriminalgeschichte abgespielt hat und der mir bisher nur aus Büchern bekannt war, den ich aber jetzt näher kennenlernen sollte, näher, als mir lieb sein konnte.

2. BOW STREET

Zum ersten Mal begegnet ist mir Bow Street in einem Essay Macaulays. Ich entsinne mich noch gut der mit wenigen Strichen meisterhaft hingeworfenen Szene, die sich, wie so viele Stellen in den Werken dieses Historikers, dem Gedächtnis unvergesslich einprägte.

Später nahm dann die Bow Street ihren Platz ein neben dem Tower, neben Newgate und dem Old Bailey – Namen, die einen besonderen Klang haben in der englischen Rechtsgeschichte. Sie ergreifen und beschäftigen die Phantasie in ganz eigener Weise, diese altersgrauen Stätten, umwittert von einem trüben Dunst menschlicher Schuld und menschlichen Elends.

In einem kahlen, schlecht beleuchteten, mit üblen Gerüchen angefüllten Raum wartete eine Menge Vagabunden, Spitzbuben und Säufer, bis der diensttuende Beamte die Eintragung in das dicke Buch beendet hatte. Von Zeit zu Zeit, wenn ein kleines Bündel von Delinquenten beisammen war, nahm sie ein dunkel uniformierter Sharon in Empfang und geleitete sie über den Styr in die Unterwelt, wo sich mit dumpfem Krachen schwere eiserne Türen hinter ihnen schlossen. Es ging nicht ohne Heulen und Zähneknirschen ab. Indessen war das Verhalten der Beamten durchaus sachlich, ohne jede Schärfe. Wurde Zwang erforderlich, so blieb er so sanft wie möglich. Ich beobachtete alles mit lebhaftem Interesse.

Endlich kam auch ich an die Reihe. Meine Personalien wurden festgestellt, Mr. Smith schüttelte mir die Hand und übergab mich einem Aufseher, der mich in eine Zelle führte und einschloss. Jetzt hatte ich Zeit, über meine Lage nachzudenken.

Den größten Teil der Nacht hindurch wandelte ich in dem beschränkten Raum auf und ab. Wenn die Ermüdung überhand nahm, setzte ich mich auf die Holzpritsche, die das ganze Mobiliar bildete. Mein Grübeln wurde immer wieder unterbrochen durch die Einlieferung neuer Häftlinge. Nur wenige ergaben sich ohne Klage in ihr Schicksal. Meist war es nichtiges Geschwätz, mit dem sie den Aufseher noch eine Weile festzuhalten suchten, ehe die Einsamkeit sie verschlang. War kein Dialog mehr möglich, so ergingen sie sich noch eine Zeit lang in allmählich absterbenden Monologen. Dann wurde es wieder grabesstill.

Wie war ich in diese Gesellschaft geraten? Meine anfängliche Überzeugung, dass ein Irrtum vorliege, machte, je weiter die Nacht fortschritt, einer bösen Ahnung Platz, die zwar noch ganz unbestimmt blieb, aber darum nicht weniger quälte. Irgendetwas musste doch geschehen sein. Unangenehm im höchsten Grade war es schon, dass ich genötigt sein würde, meine Reise nach Baden-Baden einzugestehen, die ich vor meiner Frau zu verheimlichen wünschte. Ich hatte ihr gesagt, dass mich Geschäfte nach dem Kontinent riefen. Und ich hatte sie gebeten, dies vor jedermann geheim zu halten. Das war ihr weiter nicht befremdlich vorgekommen, da meine Tätigkeit im Orient sie an Derartiges gewöhnt hatte. Nur nach Baden-Baden sollte sie von meiner Reise Nachricht geben. Eine Ausnahme, der ein ganz bestimmtes Motiv zugrunde lag.

Woher wusste die Karlsruher Staatsanwaltschaft meine Londoner Adresse? Sie konnte dieselbe nur von meiner Schwiegermutter erfahren haben. Oder von meiner Schwägerin Olga.

Was mochte man mir zur Last legen? Es musste etwas Schweres sein, sonst wäre die Verhaftung nicht telegrafisch angeordnet worden. Sollte es die Täuschung mit dem Pariser Telegramm sein, die man inzwischen vielleicht entdeckt hatte? Aber das war ja überhaupt nicht strafbar. Ebenso wenig wie die Vermummung, in der ich mich nach Baden-Baden begeben hatte. Nein, es musste etwas anderes sein. Etwas Wichtiges. Aber was?

Eine Begebenheit, die sich vor einigen Monaten zugetragen hatte, kam mir plötzlich in den Sinn. Während ich in Konstantinopel die Verhandlungen mit der türkischen Regierung führte, hatte ich eines Tages die Wahrnehmung gemacht, dass ich auf Schritt und Tritt von Spitzeln überwacht wurde. Aus dem Chef der geheimen politischen Polizei, Fahim Pascha, den ich deswegen zur Rede stellte, war nichts herauszubringen. Ich vermutete, dass er die Komödie inszeniert habe, um Bakschisch zu erpressen. Als die Belästigung immer ärger wurde, ging ich mit dem amerikanischen Botschafter nach Jildis und beschwerte mich. Das half. Später erfuhr ich aus zuverlässiger Quelle, dass ich in einem Briefe denunziert worden war als Agent der Jungtürken und dass dieser Brief den Poststempel Baden-Baden getragen hatte.

Denkbar also, dass in Baden-Baden ein Feind saß. Denkbar, dass der jetzt ein zweites Mal versuchte, mir einen Knüppel zwischen die Beine zu werfen. Vielleicht hatte er bei der Staatsanwaltschaft eine lügnerische Anzeige gemacht. Nun, das würde sich ja rasch aufklären...

Ende Leseprobe „Das Todesurteil"

9,80 Eur[D] / 10,10 Eur[A]
ISBN : 978-3-938551-13-4